JUSTIN · DENZEL

Tao, der Höhlenmaler

AUS DEM ENGLISCHEN
VON SIV BUBLITZ

Cecilie Dressler Verlag · Hamburg

Justin Denzel entdeckte bereits als Jugendlicher sein Interesse für die prähistorische Zeit. Vor seinem Studium arbeitete er im Museum für Naturgeschichte in New York, später hauptberuflich als Bibliothekar. Heute lebt er in Clifton/New Jersey und schreibt vorzugsweise Jugendbücher.

In der Reihe »Geschichte und Abenteuer«
sind bereits erschienen:

JULIAN ATTERTON, Das Erbe des Grauen Wolfes
ANN PHILLIPS, Das Friedenskind
ANTON QUINTANA, Die Nachtreiter

Die amerikanische Originalausgabe erschien bei Philomel Books,
The Putnam & Grosset Group, New York,
unter dem Titel *Boy of the Painted Cave*
Deutsch von Siv Bublitz
Einband von Tilman Michalski
Gesamtherstellung: Clausen & Bosse, Leck
Printed in Germany 1990

ISBN 3-7915-0420-7

Vorwort

Vor achtzehn- oder zwanzigtausend Jahren lebten im Dordognetal (dem heutigen Südfrankreich) und am Fuße der Pyrenäen Menschen, die das urzeitliche Wild jagten: Mammute, Pferde und Wollnashörner, Auerochsen und Wisente.
Überall auf der Welt lebten zu dieser Zeit die Menschen auf ähnliche Weise: als Jäger und Sammler. Aber vermutlich nur dort, in diesem kleinen Winkel Europas, hat es zu jener Zeit Künstler gegeben, die an die Wände ihrer Höhlen naturgetreue Bilder des Jagdwilds malten.
Die meisten großen Tiere der Steinzeit sind heute ausgestorben. Die Natur hat sich verändert. Nur die farbenprächtigen Abbilder in den verborgenen Gewölben der frühen Höhlenmaler haben die Jahrtausende überdauert und können uns noch einen Eindruck davon geben, wie die Tierwelt der Steinzeit ausgesehen haben mag.
Dies ist die Geschichte eines Steinzeitjungen, der davon träumte, ein solcher Höhlenmaler zu werden.
Sie erzählt von einer Welt, die für uns immer geheimnisvoll bleiben wird.

1. Kapitel

Tao sah hinaus über das Tal, endlos wogte das gelbe Gras im Licht der Nachmittagssonne. Die kleine Gruppe von Jägern war nur noch einen Steinwurf von ihm entfernt. Er beobachtete, wie die Männer Äste und Steine aufhoben und darunter nach Flechten, Maulwürfen und Engerlingen suchten.
Ihre dunklen Bärte waren schmutzig und verfilzt, an ihren Bärenfellkleidern hingen Kletten und Zweige. Drei Tage lang waren sie unterwegs gewesen, nun kehrten sie heim, müde, mit fast leeren Händen.
Der Junge sah die Jäger hinter der Hügelkuppe verschwinden. Den ganzen Tag hatte er auf diesen Moment gewartet. Mit einem Kaninchen in der Hand und einem Lederbeutel voller Maulwürfe und Feldmäuse am Gürtel rannte er hinüber an einen Hang. Dort hatte die Schneeschmelze weißen Sand vom Berg heruntergewaschen, der jetzt als glatte Fläche vor ihm lag.
Noch einmal sah er sich um, holte tief Atem und legte das Kaninchen vor sich auf den Boden. Dann begann er, die Umrisse des Tieres mit der Spitze seines Speers in den Sand zu zeichnen.

Er fing am Kopf an und führte den Speer rasch um die Ohren herum über den Rücken zu dem kurzen Schwanz. Als er bei den Läufen angelangt war, rutschte ihm der Speer aus und hinterließ ein deutliches Loch im Sand. Tao brach sich eine Weidenrute, verwischte damit die Zeichnung und begann von neuem. Diesmal paßte er auf und zog mit dem Speer sorgfältig eine Linie um den Körper des Tieres herum. Als er damit fertig war, trat er einen Schritt zurück und sah sich das Ergebnis genau an. Er schüttelte den Kopf. Nein, es sah überhaupt nicht wie ein Kaninchen aus, viel zu starr, nicht natürlich genug.

Ärgerlich schleuderte Tao das Kaninchen mit einem Fußtritt beiseite. Noch einmal sah er über seine Schulter, um sicherzugehen, daß er allein war, und kniete sich dann auf den Boden. Mit den Fingern seiner rechten Hand zeichnete er einen Bären in den Sand. Diesmal war er seiner Sache sicher. Nach und nach nahm die Zeichnung Form an, und man erkannte den großen Kopf mit dem offenen Maul, die scharfen Zähne, die kleinen runden Ohren und die stumpfe Nase.

Taos Stimmung besserte sich zusehends. Vergessen waren die Jäger und das Kaninchen. Er dachte nur noch an die großen braunen Bären, die er beobachtet hatte, wenn sie im sumpfigen Gras nach Wurzeln gruben oder Lachs aus den eisigen Bächen unten im Tal fischten. Ihre mächtigen Pranken und zottigen braunen Pelze hatte er genau vor Augen, und für ein paar

Sekunden wurde dieses Bild in seinem Kopf zu einem lebendigen Tier, das durch seine Hand direkt auf den Sand glitt.

Nun fehlte nur noch die geschwungene Rückenlinie und ein Paar stämmige Beine, die Tao so genau er konnte zeichnete. Dann stand er auf und klopfte den Sand von seinen Knien. Er sah hinunter auf seine Zeichnung und lächelte zufrieden. Nicht schlecht, dachte er, das beste, was mir bisher gelungen ist. Aber mit ein bißchen mehr Zeit und Übung konnte er noch besser werden, das war klar.

Er erinnerte sich nicht mehr genau, wann er sein erstes Bild gemalt hatte. Es mußte vor vielen Sommern gewesen sein, als er bei Kala gewohnt hatte. Zu Anfang war sie ängstlich gewesen, denn was er tat, war durch die Gesetze des Clans strengstens verboten, und sie versuchte natürlich, ihn davon abzubringen. Schließlich gab sie es auf. Aber sie ließ ihn nur im Staub auf dem Boden ihrer Fellhütte zeichnen, wo ihn niemand sehen konnte.

Plötzlich schreckte er durch ein leises Rascheln aus seinen Gedanken auf. Schnell verwischte er das Bild mit den Füßen und zog sich geräuschlos in das hohe Gras am Rande der Sandfläche zurück. Dort wartete er mit klopfendem Herzen. Er wußte, ihn erwartete eine strenge Strafe, vielleicht sogar die Verbannung, wenn man ihn beim Zeichnen ertappte. Abgesehen von einigen Eingeweihten war so etwas für jeden aus seinem Clan ein schwerer Verstoß gegen die heiligen Bräuche.

Dennoch wünschte er sich nichts sehnlicher, als Bilder

machen zu dürfen wie der alte Schamane Graubart. Allerdings hatte er längst begriffen, daß er vergeblich darauf hoffte: Er war weder der Sohn eines Schamanen, noch war sein Vater ein Anführer des Clans. Er war nur Tao, der Junge mit dem kranken Fuß, der nie richtig zum Clan gehört hatte. Seinen Vater kannte er nicht einmal. Seine Mutter war schon vor langer Zeit gestorben, und es gab keinen Ältesten, der ihn unter seinen Schutz nehmen wollte. Deswegen und wegen seines kranken Fußes würde er niemals ein Eingeweihter werden können.
Aber immer wenn er draußen in der Ebene die Wisente beobachtete oder die riesigen Auerochsen und Höhlenlöwen, brannte er darauf, Bilder von diesen Tieren an die Wände des Verborgenen Gewölbes zu malen. Dieser heilige Ort tief im Berg hinter der Großen Höhle, den nur die Eingeweihten betreten durften, zog ihn magisch an.
Oft lag Tao in der Nacht vor Kalas Hütte, lauschte auf das Prasseln des Feuers und schaute hinauf in den Himmel. Dort oben zwischen den Sternen konnte er Bilder von Hirschen und Pferden erkennen. Am Tag schoben sich bauschige Wolken vor seinen Augen zu Antilopenherden zusammen, die dann wieder zerflossen und langsam die klobige Form eines Mammuts annahmen.
Während der Jagd blieb er immer hinter den anderen Jägern zurück, weil er zuschauen wollte, wie die riesigen Geier unter den Wolken ihre trägen Kreise zogen, oder weil er glaubte, die Umrisse eines Wollnashorns am Horizont zu erkennen. Was er sah, machte ihn auf eine selt-

same Weise glücklich, und er wünschte sich, andere würden beim Anblick der Tiere dasselbe empfinden wie er.

Aber Tao wußte, daß Garth und die anderen Jäger dafür kein Verständnis hatten. Auch Volt, der mächtigste Mann seines Clans, sah in ihm einen Träumer und Faulenzer, der keine Achtung verdiente und aus dem sowieso nie ein Mann werden würde. Am liebsten von allen mochte Tao den schwarzbärtigen Garth, der oft versucht hatte, ihm zu helfen. Aber wenn andere Jäger in der Nähe waren, wandte sich Garth meistens von ihm ab und hatte plötzlich dringend etwas anderes zu tun.

Wieder hörte Tao das leise Rascheln im Gras. Er wartete, wagte nicht, sich zu bewegen. Dann kroch er ganz langsam und vorsichtig in die Richtung, aus der das Geräusch gekommen war. Plötzlich stieß er auf eine Fährte, die seltsam kreisförmig verlief. Er hielt seinen Speer fester und tastete nach dem Lederbeutel an seinem Gürtel. Wahrscheinlich hatte der Geruch der toten Mäuse ein hungriges Tier angelockt. Tao beschlich auf einmal das unheimliche Gefühl, beobachtet zu werden.

Bewegungslos hockte er da und horchte auf jedes Geräusch. Aus der Ferne kam das heisere Krächzen eines Raben. Um ihn herum blieb alles still. Er stand auf und ging weiter am Fuß der Berge entlang, auf das Lager zu. Aber schon nach wenigen Schritten hörte er das merkwürdige Rascheln wieder.

Diesmal drehte er sich sofort um, bereit, sich zu vertei-

digen. Da war es: Aus dem hohen Gras starrte ihn ein junger Wolf an, die Augen drohend auf ihn gerichtet, den Körper zum Sprung geduckt.
Tao ging in die Knie und hob seinen Speer. Ein einzelner Wolf war leichte Beute. Tao holte zum Wurf aus, doch plötzlich bemerkte er, wie die Beine des Wolfs zitterten und er unsicher schwankte. Unter dem struppigen Fell zeichneten sich deutlich die Rippen ab, und seine gelben Augen hatten keinen Glanz. Das Tier war offensichtlich halb verhungert. Der Wolf war nicht ausgewachsen, wahrscheinlich war er vom Rudel ausgestoßen und zurückgelassen worden.
Langsam senkte Tao seinen Speer. Er brachte es nicht über sich, dieses hilflose Tier zu töten. »Komm«, sagte er, »ich tu dir nichts. Du bist hungrig, und ich habe etwas zu essen.« Er zog eine tote Feldmaus aus seinem Beutel. Aber der junge Wolf wich zurück und knurrte leise, Speichel tropfte ihm von den Lefzen. Tao schlitzte die Maus mit seiner Feuersteinklinge auf und hielt sie dem Wolf noch einmal hin. Nun duckte sich das Tier und kroch auf zitternden Beinen ein paar Schritte zurück.
»Hier«, sagte Tao, »friß. Du bist doch hungrig. Hab keine Angst.« Er zielte sorgfältig und warf die Maus direkt vor dem Wolf auf den Boden.
Das kleine Tier kam langsam näher, Schritt für Schritt, behielt aber den Jungen im Auge. Dann beschnupperte es die tote Maus, schob sie mit der Schnauze vor sich her, leckte ein wenig daran, machte jedoch keine Anstalten, sie zu fressen. Tao schüttelte verständnislos den Kopf.

Langsam wurde es dunkel, und eigentlich mußte er sich mit den restlichen Feldmäusen auf den Rückweg zum Lager machen. Es fiel ihm schwer, den Wolf allein zurückzulassen, aber er konnte ihn unmöglich mitnehmen. Tao stand auf und ließ die Maus auf dem Boden liegen.
Der Wolf sah mit bittendem Blick zu ihm hoch. Doch Tao schüttelte traurig den Kopf, er konnte jetzt nichts mehr für ihn tun.
Tao ging zwischen den hohen Felsblöcken entlang, die unterhalb der Berghänge verstreut lagen. Weil sein rechter Fuß von Geburt an verwachsen war, hinkte er ein wenig. Aber wenn er sich auf den Schaft seines Speers stützte, fiel ihm das Gehen leichter, und wenn es nötig war, konnte er auf diese Weise schneller über die Hügel rennen als jeder gesunde Erwachsene. Aber jetzt war es dunkel, deshalb ging er langsam und suchte sich vorsichtig seinen Weg durch die dichten Schatten.
Er lief weiter, durch den Eichenwald, bis die Feuer des kleinen Lagers in Sicht kamen. Auf einer Lichtung standen einige Fellhütten im Schutz eines großen Felsvorsprungs, der aus dem Berg ragte. Hoch oben am Hang konnte Tao das Feuer brennen sehen, das den Eingang zur Großen Höhle erleuchtete.
Weiße Rauchschwaden zogen über die Lichtung, und zahlreiche Lagerfeuer flackerten in der Dunkelheit. Tao atmete den Duft von gebratenem Fleisch ein. Fett tropfte von den Spießen und zischte auf den glühenden Kohlen, während die Frauen die wenigen Hasen und Maulwürfe rösteten, die die Jäger mitgebracht hatten. Seit vielen

Monaten hatten sie schon nicht mehr genug zu essen, und jetzt sahen sie Tao mit müden Augen an. Er wußte, daß seine Handvoll Feldmäuse nicht viel gegen ihren Hunger ausrichten konnte.

Erst einmal warf er einen verstohlenen Blick hinüber zu Volts Bärenfellhütte in der Mitte des Lagers und hoffte, der Anführer würde ihn nicht bemerken. Dann ging er schnell zum Rand der Lichtung, wo zwei Wisentfelle über einem Pfahlgerüst ordentlich zu einer Hütte zusammengeschnürt waren. Tao hockte sich vor den Eingang und rief leise: »Kala!«

Die Abdeckung wurde zur Seite geschoben, und eine alte Frau schaute heraus. Ihr hageres Gesicht war voller Falten, das graue Haar hing ihr strähnig über die Augen. Auf dem Arm hielt sie ein Kind. Als sie Tao sah, lächelte sie und zeigte ihre vom Hirschfell- und Fichtenharzkauen gelben Zähne. »Du kommst spät«, sagte sie. »Aber dir ist nichts zugestoßen.«

Tao nickte und hielt ihr zwei der erbeuteten Feldmäuse hin. »Wir sind weit gelaufen«, sagte er. »Trotzdem haben wir nicht viel erlegt.«

Die Frau packte die Mäuse an den Schwänzen. »Ich habe noch ein paar getrocknete Engerlinge und einige Wurzeln«, sagte sie. »Daraus kann ich für die Kleine schon eine Mahlzeit machen.«

Die Kleine war ein Baby, das bei der großen Hungersnot im Winter die Eltern verloren hatte. Wenn Kala nicht gewesen wäre, hätten die Ältesten das Kind zwischen den Felsen ausgesetzt und den Hyänen überlassen. Doch

Kala hatte das Mädchen aufgenommen und ihm damit das Leben gerettet. Dasselbe hatte sie vor vielen Jahren für Tao getan.

»Nun hast du noch ein Kind«, sagte Tao lächelnd und strich der alten Frau liebevoll über die Schultern.

Sie überlegte einen Moment. »Bisher sind es drei gewesen«, sagte sie dann. »Du warst das erste.«

Tao erinnerte sich noch gut daran, wie sie ihn aufgenommen und wie ihr eigenes Kind versorgt hatte, als die anderen ihn wegen seines kranken Fußes aus dem Clan verstoßen wollten. Zwölf Sommer lang hatte er bei ihr gewohnt und durch ihre Weisheit und Güte viel gelernt.

»Das Wetter wird langsam wärmer«, sagte Tao. »Bald wird auch das Jagen einfacher, und wir werden wieder genug zu essen haben.« Das sagte er, obwohl er selbst nicht recht daran glaubte. Aber vielleicht würde ja Graubart kommen und Bilder im Verborgenen Gewölbe malen. Wenn sie den Geistern gefielen, würden große Herden Pferde und Wisente, vielleicht sogar Hirschrudel in den Wäldern und Ebenen auftauchen. Dann könnten sich alle satt essen, und dem Clan würde es endlich wieder gutgehen. Sie hätten genug Felle für neue Kleider und Schuhwerk, genug Elfenbein und Horn für Nadeln, Speere und Messer.

Kala und Tao sprachen noch eine Weile miteinander. Doch plötzlich horchte die alte Frau auf und legte den Finger auf die Lippen. »Geh lieber«, flüsterte sie, »bevor Volt kommt.« Sie ging zurück in ihre Hütte und zog das Fell vor den Eingang. Dann hörte Tao, wie sie der Klei-

nen etwas vorsang, während sie das Essen vorbereitete.
Er lief auf die Mitte des Lagers zu, wo das große Feuer brannte, um die restlichen Feldmäuse abzugeben. Doch plötzlich fiel ein dunkler Schatten über seinen Weg. Volt, der Anführer des Clans, ein großer, kräftiger Mann, baute sich vor ihm auf. Sein Kleid aus Schaffell war an vielen Stellen versengt und voller Blaubeerflecken, und sein dunkler Bart war schmutzig und verfilzt. Um den Hals trug er eine Kette aus Bärenkrallen.
Taos Herz schlug schneller, aber er wich nicht zurück. Im Feuerschein gaben die blutunterlaufenen Narben auf Volts linker Wange seinem Gesicht einen besonders bösartigen Ausdruck.
Der Anführer zeigte mit einem dicken, behaarten Finger auf ihn und knurrte: »Wo hast du so lange gesteckt?«
Tao zögerte, er wußte nicht, was er antworten sollte. »Ich war unten beim hohen Gras«, stammelte er.
Der große Mann schnaubte verächtlich. »Immer kommst du zu spät, trödelst hinter den anderen her, träumst und verschwendest kostbare Zeit. Als Jäger bist du nicht zu gebrauchen.«
Tao bemerkte, daß sich die anderen Jäger versammelten, weil sie neugierig waren, gegen wen sich Volts Strafpredigt richtete. Gut, dachte Tao, jetzt würde er ihnen von dem Wolfshund berichten. Wolfshunde waren Dämonen, aber er brauchte ja nicht zu erzählen, daß er versucht hatte, das Tier zu füttern. Vielleicht würden die anderen ihm zuhören. »Ich hatte ein Geräusch im hohen

Gras gehört«, begann er eifrig. »Ich habe mich gefragt, was es sein könnte, und ich dachte...«
Volt schüttelte ärgerlich den Kopf. »Genug«, unterbrach er zornig, »wir brauchen keine Fragen. Wir brauchen auch keine Gedanken oder irgendwelche anderen Träumereien. Wir brauchen etwas zu essen!«
Tao spürte, wie eine hilflose Wut in ihm aufstieg. Dieser Mann war hart und unbeweglich wie ein riesiger Felsen. Auf nichts und niemanden hörte er, und seine Worte waren immer nur schroff und böse. Es hatte keinen Sinn, ihm etwas zu erklären. Stumm reichte er Volt den Lederbeutel mit den Feldmäusen.
Der Anführer untersuchte den Beutel und sah dann Tao scharf an. »Und wo ist das Kaninchen?«
Tao erschrak. Er hatte das Kaninchen völlig vergessen.
Volt trat bedrohlich nahe an ihn heran und fragte: »Du hast das Kaninchen gegessen?«
Die anderen Jäger umringten Tao.
»Du hast das Kaninchen gegessen?« fragte Volt noch einmal mit täuschend sanfter Stimme.
Tao schüttelte den Kopf, er brachte kein Wort heraus. Garth, der Schwarzbärtige, der immer in Volts Nähe war, gab ihm einen Stoß, und Tao fiel rücklings auf den Boden. Dort blieb er im Schein des Feuers liegen und sah direkt in den Ring von Speeren dicht über seinem Kopf.
»Nein«, beteuerte Tao und schluckte. »Ich würde nicht essen, während andere hungern.«

Volt rieb sich mit dem Handrücken die narbige Wange. »Wo ist dann das Kaninchen?«
Spitze Steine bohrten sich in Taos Rücken. »Ich... ich habe das Kaninchen vergessen. Ich hab es im hohen Gras liegenlassen.«
Garth sah auf ihn herab und schüttelte den Kopf, sein Schatten fiel jetzt auf Taos Gesicht, und die Männer mit den Speeren drängten sich noch näher um ihn. Er sah die kalte Wut in ihren Augen.
Da schob Volt die Jäger beiseite. »Wartet«, sagte er, »es gibt eine bessere Lösung.« Er zeigte hinaus in die Dunkelheit, wo die Baumwipfel sich schwarz gegen die tiefblaue Nacht abhoben. »Geh«, befahl er mit einem bösartigen Grinsen. »Du behauptest, das Kaninchen sei unten im hohen Gras. Dann geh und such dein Kaninchen dort, und komm ja nicht zurück, bevor du es gefunden hast. Vielleicht wirst du dann lernen, mit deinen Gedanken bei der Jagd zu bleiben.«
Tao stand langsam auf und klopfte den Schmutz von Armen und Beinen. Jetzt war er nicht mehr ängstlich, nur noch wütend. Wütend auf sich selbst und seine Unachtsamkeit, wütend auf diese Männer, die ihm nicht zuhören wollten. Als er aus dem Lager herausging, zog eine der Frauen einen brennenden Weidenast aus dem Feuer und reichte ihn Tao. Im Licht dieser Fackel erkannte er Kala. Er wollte etwas sagen, aber sie nickte kaum merklich und bedeutete ihm zu schweigen.
Langsam bahnte sich Tao seinen Weg durch den Eichenwald, bis er zum Fuß der Berge am Rande des hohen Gra-

ses kam. Er hielt seine Fackel hoch und hinkte über das ausgetrocknete Flußbett und um die vielen Felsbrocken herum.

Ein- oder zweimal glaubte er zu hören, wie sich im Gras etwas bewegte, aber als er sich umdrehte, sah er nur die flackernden Schatten der verkümmerten Weiden.

Tao war müde und hatte nagenden Hunger. Aber bevor er sich ausruhen konnte, mußte er das Kaninchen finden. Er lief an den Felshängen entlang zum hohen Gras und suchte dann die ebene Sandfläche. Im unheimlichen Licht seiner Fackel sah es aus, als käme die Dunkelheit von allen Seiten immer näher auf ihn zugekrochen. Alles schien zu einer einzigen schwarzen Masse zu verschmelzen – die Felsen, die Bäume, die Grasbüschel.

Schließlich fand er die Sandfläche, und das Licht fiel auf die verwischten Zeichnungen, die er am Nachmittag gemacht hatte. Er suchte den Sand mit seinem Speer ab und erschrak: Das Kaninchen war weg, da, wo es gelegen hatte, entdeckte Tao die Fährte einer großen Hyäne.

Nun wußte er, daß er nicht mehr ins Lager zurückkehren konnte. Nicht heute, vielleicht auch morgen nicht. So lange nicht, bis er ein anderes Kaninchen gefunden hatte.

2. Kapitel

Tao lehnte seine Fackel gegen einen Stein, sammelte ein paar Äste und Zweige und häufte sie am sandigen Rand einer Erdmulde auf. Dann zündete er den kleinen Holzhaufen an und warf noch mehr trockene Zweige darauf, bis gelbe Flammen in die Dunkelheit loderten.

Außer einigen Engerlingen und einer Handvoll getrockneter Beeren hatte er seit dem frühen Morgen nichts mehr gegessen, und sein leerer Magen krampfte sich schon schmerzhaft zusammen. Im Fackelschein suchte Tao den Boden unter den umstehenden Bäumen nach Eicheln ab. Aber die Zeit dafür war eigentlich schon vorbei, und Tao hatte Pech: Schweine und Murmeltiere waren ihm zuvorgekommen und hatten nichts mehr übriggelassen.

Als er die Suche gerade aufgeben wollte, huschte plötzlich ein Eichhörnchen über den Stamm einer abgestorbenen Weide. Tao sah hoch und bemerkte ein Loch in dem verwitterten Baumstamm. Jetzt wußte er, wo er etwas zu essen finden konnte. Der Baum hatte noch eine ganze Menge kräftiger Äste, und Tao war im Handumdrehen oben.

Er langte in das Loch und durchwühlte mit den Fingern

das weiche Nest aus Blättern und Moos. Die Ausbeute war reichlich. Unter dem Baum hockte er sich bequem hin, knackte die Eicheln mit einem handlichen Stein und klaubte das Innere mit den Fingerspitzen heraus. Die Früchte waren trocken und schmeckten nicht besonders gut, aber der größte Hunger war vorerst gestillt. Anschließend sammelte Tao trockenes Gras und Laub und breitete es neben dem Feuer aus. Nun hatte er ein Lager, und im Schutz der Mulde am warmen Feuer fühlte er sich sicher vor Hyänen und herumstreichenden Leoparden.

Die Nachtluft war kühl, und es ging kein Wind. Tao legte sich hin. Das Laub roch gut, und die Grashalme kitzelten angenehm am Rücken. Neben ihm knackte und prasselte das Feuer, und einmal hörte er aus weiter Ferne das kurze hustende Brüllen eines Höhlenlöwen, sonst blieb alles still.

Er lag noch lange wach und dachte über den Streit nach, den er mit Volt und den anderen wegen des Kaninchens gehabt hatte. Die Bestrafung machte ihm nicht viel aus, er gehörte ohnehin nicht richtig zum Clan. Außerdem war er schon oft allein draußen im Busch gewesen und hatte keine Angst.

Wie so oft, wenn er allein war, dachte er an seine Mutter, an die er sich nicht erinnern konnte, und stellte sich vor, wie sie wohl ausgesehen hatte. Dann schloß er die Augen und sah das Bild eines jungen Mädchens vor sich, mit honigfarbenem Haar und einem runden, freundlichen Gesicht. Er streckte die Hand aus, wie um sie zu berühren, zuckte dann aber wieder zurück. Es war eben nur ein Bild. Wenn er sie doch einmal so zeichnen könnte, wie er sie sich vorstellte, doch das war verboten. Ein Bild von einem Menschen zu machen, wäre sogar eines der schwersten Vergehen gegen die Gesetze seines Clans. Das würde die bösen Geister beleidigen, und ihre Rache wäre fürchterlich.

Tao schüttelte den Kopf, während er sich tiefer in das weiche Heu hineingrub. Warum sind all diese Dinge verboten? fragte er sich. Was ist so schlimm daran, im Sand zu zeichnen, ein Bild auf einen Stein zu malen oder mit einem lahmen Fuß geboren zu sein? Kann ich Volt denn nichts recht machen? Alles, was er sieht, hält er für böse. Kala sagt, sie habe noch nie einen bösen Geist gesehen. Wenn es böse Geister gibt, wo findet man sie dann? Wo verstecken sie sich? Im Wald, in den Bergen, zwischen den Felsen?

Plötzlich kam ein Geräusch aus dem hohen Gras. Tao sprang auf und zog einen brennenden Ast aus dem Feuer. Als er suchend in die Dunkelheit starrte, sah er zuerst nur die flackernden Schatten der krummen Weidenstämme. Dann bemerkte er im Dunkel hinter dem Lichtkreis seiner Fackel ein glühendes Augenpaar. Tao erschrak und griff nach seinem Speer. Es konnte ein räuberischer Höhlenlöwe sein oder ein Leopard. Was immer es war, wenn es sich in den Lichtkreis des Feuers hineinwagte, hatte er kaum eine Chance.

Also verhielt er sich still und wartete darauf, daß das Tier sich zeigte. Ganz langsam hob er den Speer, bereit zu werfen, sobald die glühenden Augen näher kamen. Dann hielt er erleichtert inne. Er hatte den mageren kleinen Wolf erkannt.

Das Tier duckte sich und schlich zögernd näher heran. Leise winselnd kam es allmählich ins Licht. Tao bückte sich und streckte die Hand aus, denn der Wolf sah aus, als brauche er Hilfe.

Tao hatte schon öfter von Wolfshunden gehört, die halb verhungert, auf der Suche nach Knochen oder Fleischstücken, um die Lager strichen oder das Fett von den Herdsteinen leckten. Wenn dieses Tier nicht bald etwas zu essen bekam, würde es mit Sicherheit sterben.

Vorsichtig hockte sich Tao vor dem Wolf hin und redete sanft auf ihn ein. »Du kommst zurück zu mir, wenn ich doch nichts für dich habe, kein Fleisch und auch nichts anderes zu fressen.«

Der Wolf blieb still stehen und beobachtete Tao genau.

»Du mußt lernen, für dich selbst zu sorgen«, sagte Tao. Er rutschte ein wenig vor, berührte den Wolf aber noch nicht. »In den Wäldern und auf der Steppe gibt es genug Nahrung für dich, Hasen, Mäuse und Maulwürfe. Du mußt sie nur aufspüren und fangen.«

Der Klang von Taos Stimme schien den Wolf zu beruhigen. Er winselte leise und kroch auf dem Bauch heran, bis seine kleine schwarze Nase nur noch ein paar Zentimeter von dem Jungen weg war. Tao streckte den Arm aus und wollte die weiche Schnauze berühren, aber der Wolf wich

zurück und zeigte seine Zähne. Tao versuchte es noch einmal. Wieder zuckte das junge Tier zurück und ließ sich nicht anfassen.
Jetzt saß Tao ganz still und beobachtete, wie der Wolf allmählich wieder näher kam, die Ohren angelegt. Unter seinem struppigen Fell zeichneten sich die Rippen deutlich ab. Tao sah den Hunger in seinen Augen und bemerkte, daß das Tier sich mit der blassen Zunge immer wieder die trockenen Lefzen leckte.
Im flackernden Schein des Feuers war Tao noch etwas anderes aufgefallen: Im Maul des Wolfes steckte etwas schimmernd Weißes. Fast sah es aus, als säße einer der glänzenden scharfen Reißzähne an der falschen Stelle, aber es war bestimmt kein Zahn. Es mußte ein langer Knochensplitter sein, der sich im Gaumen verklemmt hatte.
Jetzt war Tao klar, warum das Tier so schwach und abgemagert war. Während der kleine Wolf sich sein Futter erkämpft, seine Beute verschlungen oder zerrissen hatte, mußte sich dieser Knochensplitter in seinem Maul festgesetzt haben. Nun konnte er nicht mehr fressen. Er konnte nicht einmal jagen.
Tao kroch vorsichtig an den Wolf heran, tastete sich behutsam Stück für Stück vor, streckte dann ganz langsam den Arm aus, bis seine Hand fast die Schnauze des Wolfes berührte. Der Wolf bewegte sich nicht, denn der Feuerschein blendete ihn, aber wieder bleckte er die Zähne und knurrte leise. Tao wartete einen Moment, sein Herz klopfte heftig. Dann sprang er plötzlich vor und packte

den Oberkiefer des Wolfes mit der einen Hand, griff ihm mit der anderen ins Maul und zog an dem Knochensplitter.

Das Tier jaulte erschrocken auf und versuchte, sich zu befreien, aber Tao hielt es fest. Der Wolf drehte und wand sich und schnappte vergeblich nach der Hand in seinem Maul, während Tao sich an dem kämpfenden Tier festklammerte und mit aller Macht an dem Splitter in seinem Gaumen zerrte. Plötzlich lockerte sich das Knochenstück. Tao zog es heraus und gab den Wolf frei, der jaulend davonrannte, jedoch gleich darauf zurückkam und seine blutige Schnauze wieder und wieder an der feuchten Erde rieb.

»Sei still«, sagte Tao, der den dicken blutverschmierten Knochensplitter hochhielt. »Der Dämon, der dir Schmerzen bereitet hat, ist fort. Nun kannst du wieder fressen.«

Der Wolfshund blieb schwankend stehen. Einen Moment lang sah er Tao unverwandt an, während er die blutende Wunde leckte.

»Geh«, sagte Tao. »Geh zurück zu deinem Rudel und jage mit deinen Freunden. Bald wirst du wieder stark und gesund sein.«

Der kleine Wolf zögerte. Tao sah, wie er sich noch ein- oder zweimal zu ihm umdrehte. Dann verschwand er in der Dunkelheit, und man hörte nur noch ein leises Rascheln im Gras.

Tao lächelte, aber nachdem der Wolf fort war, fühlte er sich plötzlich einsam.

Er warf noch Reisig und einen Birkenast aufs Feuer, damit es während der Nacht nicht ausging. Dann legte er sich wieder auf sein Lager. Von weit draußen in der Ebene hörte er das schrille Heulen der Hyänen, und er wußte, auch sie hatten Hunger. Sein Speer lag neben ihm, er zog ihn näher zu sich heran und hielt ihn ganz fest. Erschöpft und müde, wie er war, schloß er die Augen und schlief sofort ein.

Im Traum fand er sich in einem schmalen Tunnel wieder, der in eine enge Höhle führte. Auf dem Boden lagen Muschelschalen und ausgehöhlte Steine, die mit schwarzer, gelber und roter Farbe gefüllt waren. Die Wände waren glatt und unberührt, alles schien für den Maler vorbereitet zu sein.

Tao hob die Schale mit der roten Farbe auf und tauchte seinen Finger in die ölige Flüssigkeit. Mit weit ausholenden Schwüngen begann er zu malen. Sein Arm schien sich ganz von allein zu bewegen. Allmählich zeigten sich die Umrisse eines fliehenden Hirschen, den Kopf mit dem Geweih zurückgeworfen, die Nüstern gebläht. In großen Sätzen sprang der Hirsch über den Waldboden, in seinen Augen spiegelte sich furchtbare Angst. Tao legte die Schale mit dem Rot beiseite und nahm sich die schwarze Farbe. Wieder tauchte er den Finger ein und fing an zu malen. Diesmal war es ein großer schwarzer Wolf, der den Hirsch jagte. Mit langen, geschmeidigen Sprüngen setzte er seiner Beute nach. Im Nacken sträubte sich das dichte dunkle Fell, und sein buschiger Schwanz züngelte durch die Luft wie eine schwarze Flamme.

Schließlich hob Tao die Schale mit der gelben Farbe auf. Er tupfte etwas davon auf die Wand, und plötzlich starrte der Wolf ihn aus zwei goldenen Augen an. Tao malte weiter und weiter, bedeckte die Wände mit Herden von Wisenten und Mammuten, Pferden und Auerochsen.

Als er erwachte, ging die Sonne eben auf. Das Feuer war zu einem grauen Aschenhaufen heruntergebrannt, und über ihm tönte der schrille Schrei eines Bussards aus dem Geäst der abgestorbenen Weide. Er rieb sich die Augen, schaute sich verwirrt um und merkte, daß er geträumt hatte.

Er stand auf und schaute über die Ebene. Das Tal war in rotgoldenes Licht getaucht, die Berge dahinter schimmerten blaugrün. Hier und da hatte der hartnäckige Winter, unwillig, das Feld kampflos zu räumen, ein paar schneebedeckte Flächen zurückgelassen. Hinter Taos Rücken lag der steile Abhang der Kalksteinfelsen und darüber die weite Hochebene.

Sein Magen knurrte, und er machte sich durch das kniehohe Gras auf den Weg durchs Tal. Dabei bückte er sich oft, um unter Steinen und Grasbüscheln nach Ameisen und Engerlingen zu suchen. Zwar war er es gewohnt, längere Zeit nichts zu essen, aber nun hungerte er schon fast zwei Tage und fühlte, wie er langsam schwächer wurde. Schließlich fand er ein paar weiße Engerlinge, steckte sie in den Mund und schluckte sie ganz hinunter. Geröstet hätten sie natürlich viel besser geschmeckt, aber für solche Umstände hatte er jetzt keine Zeit.

Doch er war immer noch hungrig. Er mußte weitersuchen. Und falls er jemals zum Lager zurückkehren wollte, mußte er außerdem noch ein Kaninchen erbeuten. Als er das hohe Gras hinter sich gelassen hatte, lief er weiter am Rand des Sumpfes entlang, bis er zu einem Dickicht aus Erlen und Dornbüschen kam, fast undurchdringlich und voller Kletten und Stacheln. Bisher war Tao niemals weiter als bis zu diesem Dickicht gegangen, aber er wußte, daß dahinter ein dunkles Moor mit schlängelnden Bächen und dichten Wäldern lag. Seine Leute nannten es nur ›den Sumpf‹. Die Älteren erzählten, dieses Gebiet sei von Dämonen bevölkert. Kein Jäger ging jemals dorthin, und die Frauen suchten dort nie nach Wurzeln oder Beeren, aus Angst vor den bösen Geistern.

Tao stand jetzt am Rand des unheimlichen Moores und dachte an das Wild und die vielen eßbaren Pflanzen, die er dort vielleicht finden könnte. Einen Moment lang zögerte er, das Gesetz zu brechen und das verbotene Gebiet zu betreten. Unentschlossen schlich er vor dem Dickicht hin und her und versuchte, durch das Gestrüpp aus Zweigen und Ranken zu spähen. Dann hörte er hinter den Büschen auf einmal das Grunzen einer Sau und quiekende Ferkel. Da vergaß er sämtliche Dämonen und böse Geister und bahnte sich einen Weg durch die dichten Ranken. Er achtete nicht auf die Dornen, die seine Arme zerkratzten und sich an seinen hirschledernen Stiefeln verhakten, sondern kroch zielstrebig immer tiefer in das Gebüsch hinein. Bald wurde der Boden dunkel und matschig. Es roch modrig feucht nach Sumpf, und er hörte

den heiseren Schrei der Fischreiher. Der düstere Wald schillerte schwarzgrün, hier und da drangen ein paar Sonnenstrahlen durch die kahlen Äste der knorrigen Weiden.
Tao blieb stehen und sah sich um. Würde jetzt ein böser Geist auftauchen und ihn für sein frevelhaftes Eindringen bestrafen? Nichts geschah, alles blieb ruhig. Dieser Ort wirkte nicht böser oder gefährlicher als alle anderen, die er kannte. Tao hielt seinen Speer fest und humpelte weiter. Bald gelangte er an einen kleinen Bach, dessen Ufer mit üppigen Büscheln zartgrüner Brunnenkresse bewachsen war. Schnell rupfte er sich etwas davon ab und roch daran. Dann probierte er ein paar Blätter. Sie schmeckten frisch und würzig. An den Stümpfen abgestorbener Birken wuchsen zahllose Austernpilze, daneben bildeten Beerensträucher ein Dickicht im Unterholz. Allerdings waren die Pilze um diese Jahreszeit schon vertrocknet und schrumpelig, und die Büsche trugen jetzt kaum noch Beeren, aber Tao beschloß, sich diese Stelle zu merken. Später im Frühling würden die Pilze dick und saftig und die Beeren reif zum Pflücken sein. In einem anderen kleinen Bachbett fand er eine Kolonie von Flußmuscheln. Tao legte sich auf den Bauch, langte in das eisige Wasser und klaubte einige davon aus dem Morast. Mit seiner Feuersteinklinge brach er sie auf und aß das weiche rosa Fleisch. Er war zwar immer noch hungrig, aber er fühlte sich allmählich besser, und ihm wurde leichter zumute. Hier gab es Nahrung im Überfluß. Tao lehnte sich über das Wasser und versuchte einen Fluß-

barsch zu fangen, der träge am Grund des Baches entlangschwamm, fast zum Greifen nahe.
Plötzlich zerriß ein fürchterlicher Schrei die Stille. *Wawuu-uung-eewuu-uu-wahuu* gellte es, und Tao erstarrte vor Schreck. Der Schrei war vom anderen Ufer gekommen. Tao sprang auf und suchte mit den Augen den dunklen Zedernwald auf der anderen Seite des Baches ab. Bisher hatte er noch nie einen bösen Geist gesehen. Doch jetzt gab es anscheinend kein Entrinnen mehr.

3. Kapitel

Tao fand eine Stelle, wo der Wasserlauf schmaler wurde, und sprang hinüber. Vorsichtig suchte er sich am anderen Ufer seinen Weg und schlich geräuschlos durch das Dickicht. Er war noch nicht weit gekommen, als der furchtbare Schrei ein zweites Mal ertönte, gefolgt von einem bösartigen Zischen und schrillem Geheul.

Nun blieb Tao mit klopfendem Herzen stehen. Vielleicht hatten seine Leute recht. Vielleicht gab es in dieser düsteren Gegend wirklich Dämonen und böse Geister. Wenn es sie gab, hatte er eigentlich keine Lust, ihnen zu begegnen. Einen Augenblick lang überlegte er, ob er nicht besser umkehren sollte. Aber dann zuckte er die Achseln und lief weiter, so leise und vorsichtig wie möglich.

Die durchdringenden Schreie wurden lauter, als er näher an den Zedernhain herankam. Sie gellten ihm in den Ohren und hallten in der sumpfigen Ebene wider, ein mörderischer Ton, den er nie zuvor gehört hatte. So schnell es ging, kämpfte er sich voran durch Erlengestrüpp und Farnsträucher, die ihm bis über den Kopf ragten. Jeden Moment rechnete er damit, daß ein bösartiger Dämon aus dem Dickicht sprang. Als wieder ein gellender Schrei die Luft zerriß, stand ihm fast das Herz still. Was immer es sein mochte, es war nur noch ein paar Meter von ihm entfernt. Die Schreie kamen aus dem dichten Farngesträuch am Fuß einer alten Eiche. Tao holte tief Luft, hielt den Speer fester und achtete nicht auf das flaue Gefühl in seinem Magen. Entschlossen bahnte er sich einen Weg durch die Erlen und trat auf eine Lichtung, bereit, dem bösen Geist Auge in Auge gegenüberzustehen.

Was er aber sah, war kein Waldgeist, sondern ein Dämon mit Flügeln, eine wütende Adlereule, die ihr Nest auf dem Waldboden gegen den kleinen Wolf verteidigte. Sogar für eine Adlereule war dieser Vogel riesig, ihr Kopf reichte Tao fast bis an die Brust. Drohend beugte sie sich über den Wolf, der versuchte, unter ihre Flügel zu schlüpfen. Sie flatterte hoch, hackte mit dem Schnabel und ihren scharfen Krallen auf ihn ein, fauchte und schrie zornig. Ihr rotbraunes Gefieder war aufgeplustert, ihre Augen funkelten den Wolf herausfordernd an, als wolle sie ihn warnen, es ja nicht noch einmal zu versuchen. Wieder stürmte der Wolf vor, um sie vom Nest zu scheuchen. Aber die Eule ließ sich nicht einschüchtern. Sie flatterte dicht über ihren drei weißen Eiern, entschlossen, sie gegen alle hungrigen Wölfe dieser Welt zu verteidigen.

Eine Weile blieb Tao am Rand der Lichtung stehen und sah sich den Kampf an.

Ihm gefiel, wie todesmutig die Adlereule ihr Nest verteidigte. »Wenn es Dämonen gibt«, flüsterte er, »bist du bestimmt einer.« Aber die Eule tat ihm auch leid, denn

nun würde sie es mit zwei Angreifern zu tun bekommen. Tao wollte nämlich verhindern, daß der kleine Wolf verletzt wurde. Deshalb hob er seinen Speer und ging auf die Eule zu, um sie vom Nest wegzudrängen. Wütend schoß sie zu ihm herum, schlug mit den Flügeln und hackte mit ihren scharfen Krallen nach ihm, so daß er die Arme schützend vor das Gesicht halten mußte. Der Wolf griff noch einmal an, um sie zu verscheuchen, aber der gefiederte Dämon ließ sich nicht beirren. Abwechselnd versuchten Tao und der Wolf nun, den Vogel abzulenken und vom Gelege wegzulocken. Doch jedesmal, wenn sie zu nahe herankamen, stieß die Eule ihren wütenden Schrei aus und hackte auf die Angreifer ein.
Bald keuchten die beiden Verbündeten, erschöpft von zahllosen Versuchen, an die Eier zu kommen. Aber auch die Eule wurde allmählich müde. Sie schwankte auf ihren kurzen Beinen und ließ die Flügel hängen. Tao sah zu, wie der Wolf wieder zum Angriff überging und die Eule immer weiter vom Nest forttrieb. Dann nutzte er die Gelegenheit, die sich bot, als die Eule das Gleichgewicht verlor und taumelnd auf den Waldboden stürzte: Bevor sie sich wieder erholen konnte, schoß er zum Nest und packte zwei der großen weißen Eier. Ohne sich umzusehen, rannte er davon, fort aus der Gefahrenzone. »Komm«, rief er dem Wolfshund zu, »es reicht für uns beide.« Dann lief er weiter in den Schutz der Bäume, während die Eule ihrem Zorn durch wildes Wutgeheul Luft machte.
In sicherer Entfernung blieb Tao stehen. Außer Atem

lehnte er sich an eine Birke und schlug eines der Eier an einem Stein auf. Er tauchte seine Zunge in das dickflüssige Innere. Es schmeckte frisch und gut. »Mmm«, sagte er. »Ganz frisch gelegt.« Er gab das aufgeschlagene Ei dem Wolfshund, in die Schale des anderen bohrte er ein Loch, legte den Kopf zurück und saugte es aus.

Der kleine Wolf verschlang seinen Anteil und sah Tao dann erwartungsvoll an.

»Nein«, sagte Tao. »Wir lassen der Eule ihr drittes Ei. Es ist früh im Jahr, sie wird noch mehr legen.« Er sah den jungen Wolf an. »Du lernst also langsam, für dich selbst zu jagen. Das ist gut. Aber es ist nicht besonders schlau, eine Adlereule anzugreifen. Du solltest dir etwas Kleineres suchen.«

Der Wolf legte den Kopf schräg und sah Tao einen Augenblick an. Dann, als ob er seine Worte verstanden hätte, lief er voran und verschwand im Wald.

Auf sandigen Lichtungen im Sumpf wuchsen vereinzelte Schilfbüschel und ein paar Heidelbeersträucher. Tao stocherte mit dem Speer in den Pflanzen herum, um Tiere aufzustöbern, die sich vielleicht dort versteckten. So wanderte er langsam von Busch zu Busch, die eine Seite der Lichtung hinauf, dann die andere wieder hinunter.

Der Morgen war fast vorüber, und Tao wollte schon aufgeben, als plötzlich ein Sumpfhase unter einem der Büsche hervorsprang und seinen Weg kreuzte. Tao war überrascht, reagierte aber schnell: Er zielte und warf dann seinen Speer nach dem fliehenden Tier. Die Waffe

verfehlte die Beute, und Tao seufzte enttäuscht, als der Hase davonrannte.
Einen Augenblick später kam der Wolf auf die Lichtung und schnüffelte unter den Büschen herum. Die Fährte des Hasen war frisch, und der Wolf folgte ihr. Er duckte sich und kroch langsam vorwärts, hob die Pfoten vorsichtig und setzte sie behutsam wieder auf. Tao beobachtete ihn gespannt.
Da schoß der Hase plötzlich wieder aus seiner Deckung hervor. Der Wolfshund sprang ihm in großen Sätzen hinterher und folgte jedem Haken, den seine Beute schlug. So trieb er den Hasen im Zickzackkurs direkt in Taos Arme. Tao hob seinen Speer, zielte sorgfältig und traf das verängstigte Tier mit dem ersten Wurf.
Als er den Hasen aufhob, lächelte er. »Aus dir wird einmal ein guter Jäger«, sagte er zu dem kleinen Wolf. »Erst findest du Euleneier, und jetzt bringst du einen Hasen zur Strecke.«
Währenddessen schnüffelte der kleine Wolf schon wieder zwischen den Büschen herum. Den Kopf gesenkt, suchte er im Dickicht und zwischen den Grassoden nach einer Fährte.
Bereits kurze Zeit später sprang ein zweiter Hase unter einem Busch hervor und rannte im Kreis herum wie ein brauner, pelziger Pfeil, den kleinen Wolf dicht auf den Fersen. In seiner Todesangst wich der Hase plötzlich zur Seite aus und lief direkt auf Tao zu. Im letzten Moment bemerkte er den Jungen und schlug einen Haken. Tao stöhnte. Wieder war ihm die Beute entwischt. Aber dann

sah er erleichtert, daß der Hase dem kleinen Wolf direkt vor die Nase lief.
Tao war bester Stimmung. Die Sonne stand noch hoch am Himmel, und sie hatten schon zwei Hasen erbeutet. Er hockte sich in die Mitte der Lichtung, zog mit seiner Feuersteinklinge einem der Tiere das Fell ab und gab dem Wolf das Fleisch zu fressen. Den anderen Hasen hängte er an seinen Gürtel, um ihn mit ins Lager zu nehmen.
Als der Wolf seine Mahlzeit beendet hatte, streckte Tao vorsichtig die Hand aus. Diesmal ließ das Tier sich ohne Widerstand berühren. »Du bist ein guter Freund«, sagte Tao und streichelte ihn. »Ich werde dich Ram nennen nach dem Jagdgeist.«
Den ganzen Nachmittag streiften die beiden zusammen durch den Sumpf, und als die Sonne schon tief stand, hatte Tao drei weitere Hasen und einen Lederbeutel voller Lemminge erbeutet.
Schließlich wurde es Zeit, ins Lager zurückzukehren, und Tao sah den Wolf traurig an. Er hätte ihn gern mitgenommen, aber er wußte, daß Volt und die Jäger ihn töten würden. »Bleib lieber hier«, sagte er. »Es ist ein guter Ort für dich. Hier bist du in Sicherheit, und es gibt genug zu fressen, du brauchst nicht zu hungern.«
Als Tao aufbrach, folgte ihm der Wolfshund. Tao blieb stehen. »Nein, Ram. Du kannst nicht mit mir kommen. Bleib hier im Sumpf und warte auf mich. Ich komme zurück, und dann jagen wir wieder zusammen.«
Der kleine Wolf legte den Kopf schief, und Tao wußte, er hatte ihn nicht verstanden. »Kehr um«, befahl er.

Als das Tier sich nicht rührte, hob Tao ein paar Steine und Erdklumpen vom Boden auf und warf sie nach ihm. »Los, kehr um«, wiederholte er. »Du kannst nicht mitkommen.«
Einen Augenblick lang stand Ram bewegungslos da und starrte ihn mit seinen gelben Augen an. Aber als Tao sich bückte, um noch mehr Steine aufzusammeln, wandte er sich um und lief zurück in den Sumpf.
Sobald der Wolf verschwunden war, machte Tao sich eilig auf den Heimweg. Die Dunkelheit brach herein. Er hörte das Trillern einer Nachtschwalbe, ein Eichhörnchen huschte an ihm vorbei, und das hohe, keckernde Geschrei der herumstreichenden Hyänen setzte ein.
Tao fand seinen Weg auch im Dunkeln, denn er orientierte sich an den großen Schatten der Bäume, den Felsen und den wechselnden Formen des Kalksteinhangs. Schließlich erreichte er das Lager und sah, daß die Frauen schon bei den Feuern saßen und das Essen kochten. Als sie die Hasen und Lemminge an Taos Gürtel bemerkten, lächelten sie ihm zu. Zuerst lief er zu Kalas Hütte und gab ihr eine Handvoll Muscheln und drei Lemminge. Dann ging er zur Mitte des Lagers, wo Volt und Garth nebeneinander am großen Feuer standen.
Der Anführer riß unwirsch die Hasen an sich, die Tao ihm reichte, hielt sie ins Licht des Feuers und sah den Jungen erstaunt an. »Das ist frische Beute«, stellte er fest.
Tao wurde rot und blickte zu Boden. »Das Kaninchen hab ich nicht mehr gefunden«, sagte er.

»Dein Glück, daß du diese hier erwischt hast«, erwiderte Volt grimmig. »Von jetzt ab wirst du besser aufpassen, wenn du mit den anderen auf die Jagd gehst. Du mußt lernen, endlich deine Gedanken beieinanderzuhalten und nicht dauernd in die Gegend zu träumen.«
Tao stützte sich auf seinen Speer und trat unsicher von einem Fuß auf den anderen. Zwar wollte er nicht ungehorsam sein, aber er konnte seinen Zorn über den unfreundlichen Empfang auch nicht ganz unterdrücken. Ich habe jetzt Ram, dachte er. Mit dem Wolfshund kann ich mehr Beute nach Hause bringen als die anderen. Doch das sagte er nicht, sondern bat statt dessen: »Ich möchte in Zukunft allein jagen. Ich verspreche, daß ich die Jagdbeute immer ins Lager bringe.«
Volt schüttelte heftig den Kopf, so daß die Kette aus Bärenkrallen an seinem Hals rasselte. »Du bist wie ein Stein!« rief er aufgebracht. »Du willst nichts lernen. Ich versuche, dir etwas zu erklären, aber du hörst nicht einmal zu.« Er drehte sich kopfschüttelnd zu Garth um, der hinter ihm stand. »Na bitte, dann geh«, sagte er zu Tao. »Wie du willst. Aber ich warne dich: Du wirst nur zu essen bekommen, wenn du auch etwas ins Lager gebracht hast.«
Wieder spürte Tao, wie der Zorn in ihm aufstieg. »Wenn wir einen Wolfshund hätten«, sagte er, »würde der uns vielleicht bei der Jagd helfen.«
Volt wurde hochrot vor Wut, auf seinem Gesicht traten die blutunterlaufenen Narben hervor. »Niemals werden wir eine dieser Bestien im Lager dulden«, donnerte er.

»Wölfe sind mit Dämonen im Bunde. Wir jagen wie Männer, nicht wie böse Geister!«
»Wenn Wolfshunde so böse sind, warum jagt dann das Bergvolk mit ihnen?« fragte Tao, selbst erstaunt, daß er den Mut aufbrachte, sich Volt zu widersetzen.
Der Anführer war sprachlos über die Unverschämtheit dieses Jungen. Er schnaubte heftig und spuckte auf den Boden. »Schluß jetzt!« brüllte er. »Wenn du mit einem Wolfshund jagen willst, geh und lebe mit dem Bergvolk!«
Garth lachte dröhnend. »Wage es, über den Fluß in ihr Land zu gehen, und sie werden dich erschlagen wie einen Schakal.«
Tao zuckte die Achseln. Es hatte keinen Sinn, mit Leuten zu reden, die nur an Dämonen und böse Geister dachten.
Später in der Nacht saß Tao am Feuer vor Kalas Hütte. Er schaute hinauf zu den steilen Hängen, wo die Ewige Flamme hell am Eingang der Großen Höhle brannte. In der Wärme und dem Schutz dieses Feuers hatte er viele Winter verbracht. Aber tief drinnen im Berg, hinter gewundenen Tunneln und schmalen Gängen, lag das Verborgene Gewölbe. Nur die Eingeweihten hatten dort Zutritt, doch Tao kannte es aus vielen Erzählungen. Es war eine riesige Kammer, deren Wände bedeckt waren mit lebensgroßen Bildern von Pferden, Wisenten und Löwen. Sogar an den Decken waren Darstellungen von Hirschen, Bären und Ebern. Hier fanden die Zeremonien statt, durch die die Jungen in den Kreis der Jäger

aufgenommen und die Eingeweihten bestimmt wurden.
Tao wußte, daß jedes Volk seinen eigenen geheimen Ort hatte, ein verstecktes Gewölbe tief in den Bergen. Jeder Clan hatte auch seine Bildermacher, zwei oder drei Eingeweihte, von den Ältesten dazu bestimmt, in den Höhlen zu malen.
Doch Graubart war der bedeutendste Maler. Er war der Schamane, der von Clan zu Clan wanderte und Bilder von den wilden Tieren malte, die den Jägern gute Beute brachten, und der sein Wissen an jene weitergab, die zum Kreis der Eingeweihten gehören sollten.
Tao dachte oft an Graubart. Wenn er als Sohn eines Anführers oder auch nur eines angesehenen Jägers geboren worden wäre, könnte er eines Tages zu den Eingeweihten gehören. Wie oft hatte er Kala nach seinen Eltern gefragt. Doch jedesmal hatte sie nur den Kopf geschüttelt. »Du bist noch zu jung«, sagte sie dann. »Außerdem ist es nicht wichtig.«
Aber jetzt war er älter geworden, und es war wichtig.

4. Kapitel

Als Tao in die Hütte kam, saß Kala allein mit dem Baby in einer Ecke. An der einen Seite war aus Heu ein Lager aufgeschüttet. In der Mitte brannte ein kleines Kochfeuer, von dem eine dünne Rauchfahne zum Abzugsloch aufstieg. Kalas graues Haar hing ihr bis auf die Schultern, ihr Gesicht war faltig von den vielen harten Wintern, die sie durchgemacht hatte. Aber trotz der langen Jahre, in denen sie Feuerholz geschleppt, Wild gehäutet, Felle gegerbt und Kleider genäht hatte, hatte sie das Lächeln nicht verlernt. Kala sagte immer, was sie dachte. Und wenn das die Ältesten auch oft ärgerte, so ließen sie die alte Frau doch gewähren, denn sie galt als weise und wußte viel über die Geschichte des Clans.

Nun legte Kala das Baby auf ein Antilopenfell, trat hinaus vor die Hütte und tat, als schaue sie nach dem Himmel. Dann kam sie wieder herein und setzte sich Tao gegenüber. Sie hob eine der schwarzen Muscheln auf, die Tao vor der Kochstelle auf den Boden gelegt hatte. »Du warst unten im Sumpf«, sagte sie.

Tao sah sie erstaunt an. Woher wußte Kala, wo er gewesen war?

»Es ist der einzige Ort hier in der Nähe, wo man diese Muscheln finden kann«, erklärte sie und sah ihn streng an.
Tao bemerkte, daß sie trotz ihres vorwurfsvollen Blicks nicht böse mit ihm war. »Du kennst den Sumpf?« flüsterte er, als ob sie ein Geheimnis miteinander teilten.
»Ich bin oft dorthin gegangen, als ich ein Mädchen war. Es war schön, man konnte Beeren und Pilze sammeln und Fische fangen.« Sie lächelte wieder, während sie sich an diese Zeit erinnerte. »Aber das war früher, bevor die schlimmen Dinge geschahen und der Sumpf ein Ort der Dämonen wurde.«
»Was für schlimme Dinge, Kala?«
Die Alte schüttelte den Kopf. »Das ist lange her.«
»Es ist nicht richtig, daß die Leute hier hungern müssen, obwohl es in der Nähe soviel zu essen gibt«, sagte Tao.
Kala machte eine abwehrende Handbewegung. »Willst du an der Weisheit der Ältesten zweifeln?«
»Nein«, erwiderte Tao. »Das würde nichts nützen.«
Tao sah die alte Frau an. Sie war gut und weise, und er hätte sich keine bessere Mutter wünschen können. Aber er wußte, sie war nicht seine wirkliche Mutter. Nach einer langen Pause sagte er: »Kala, ich bin jetzt vierzehn Sommer alt, und ich möchte wissen, wer meine Eltern sind.«
»Du gibst nicht auf«, entgegnete sie. »Aber vielleicht ist es besser, du erfährst nichts davon.«
»Ich muß es doch wissen, wenn ich durch die Zeremo-

nie zum Mann werden will«, sagte Tao. »Für die Ältesten ist es sehr wichtig. Wenn ich der Sohn eines Anführers oder eines angesehenen Jägers wie Garth wäre, könnte ich eines Tages von den Ältesten zum Höhlenmaler bestimmt werden. Dann dürfte ich Bilder machen.«
Kala schüttelte traurig den Kopf. »Du träumst davon, mein Junge. Aber deine Träume sind nicht die Wirklichkeit. Und solange die Gesetze unseres Clans gelten, können sie niemals in Erfüllung gehen.«
»Aber was kann es denn schaden, wenn ich weiß, wer mein Vater ist?«
Kala legte die Muschelschale in einen Napf, den sie aus einem Ochsenknochen geschnitzt hatte. »Das kann ich dir nicht sagen. Ich bin eine der wenigen, die es wissen, und ich kann nicht darüber sprechen.«
»Ist es etwas so Furchtbares?«
»Ja«, sagte die alte Frau. »Es ist etwas Furchtbares.«
Tao schwieg einen Augenblick. Sie will es nicht sagen, dachte er, aber der wahre Grund ist mein kranker Fuß. Ich kann nicht wie die anderen gehen. Die Geister mögen das nicht. Und deshalb würden die Ältesten mich niemals zum Maler bestimmen. Tao seufzte. Er wußte, es würde nichts nützen, Kala zu einer Antwort zu drängen. »Dann erzähl mir wenigstens von meiner Mutter«, bat er schließlich.
Die alte Frau nickte. Sie lehnte sich auf dem Bärenfell zurück. Graue Haarsträhnen hingen ihr ins Gesicht, das nun, als sie zu erzählen begann, ganz friedlich aussah. »Deine Mutter war Vedra aus dem Bergvolk. Sie war

sechzehn Sommer alt, und man hatte sie als Gefangene von einem Beutezug während einer Hungersnot im Sommer mitgebracht. Du wurdest zu früh geboren, mitten in einem kalten Winter wie dem, der gerade hinter uns liegt.«

Taos Herz klopfte. Er hatte den Namen seiner Mutter noch nie zuvor gehört. »Vedra«, sagte er leise: »Vedra.« Seine dunklen Augen glänzten im Schein des Feuers, während er den weichen Laut wiederholte: »Vedra aus dem Bergvolk.«

»Es ist das Gesetz unseres Volkes, daß schwache oder kranke Kinder zwischen den Felsen ausgesetzt und den Hyänen überlassen werden«, fuhr Kala fort. »Aber deine Mutter wollte dich nicht hergeben. Sie saß in einer Ecke der Großen Höhle, hielt dich fest an ihre Brust gedrückt, wärmte und wiegte dich und sang dir leise etwas vor. Sie versuchten immer wieder, dich ihr wegzunehmen, aber sie kämpfte wie eine Höhlenlöwin, schrie, biß, schlug um sich und weigerte sich, dich loszulassen. Die ganze lange Schneezeit hindurch hielt sie dich am Leben. Ich brachte ihr Essen. Sie wollte die Höhle nicht verlassen, und in jenem Winter drang der Sturm sogar bis ins Innere der Berge. Noch vor den Sommermonden wurde sie zusehends schwächer. Als sie starb, befahl dein Vater, man solle dich zwischen den Felsen aussetzen. Ich hab dich von dort zurückgeholt und dich bei mir aufgezogen. Die Ältesten sahen es nicht gern, das war mir egal. Aber der Mann, der dein Vater ist, sagte, du brächtest einen bösen Fluch über unseren Clan.«

»Ist das der Grund, warum du mir seinen Namen nicht nennen willst?«
»Das ist der Grund, warum ich dir seinen Namen niemals nennen werde.«
»Dann erzähl mir noch mehr von meiner Mutter«, sagte Tao. »Wie war sie?«
»Sie war nur ein junges Mädchen«, entgegnete Kala, »aber umsichtig und klug wie eine erwachsene Frau. Ihre Hände waren nie untätig. Sie machte vieles aus den Dingen, die die Erde und das Wasser uns geben: Aus Kieseln und Fischknochen reihte sie Halsketten auf, aus Elfenbein und Horn machte sie Perlen, Armbänder und Nadeln, aus Gras flocht sie Bänder und Reifen für die Haare. Alle freuten sich an den Dingen, die sie herstellte, und sie hat ihre Arbeiten großzügig verschenkt.«
Tao schaute auf. »Dann war sie auch eine, die schöne Dinge machte. Hat sie Bilder am Himmel und in den Wiesen gesehen, so wie ich?«
»Ja«, erwiderte die alte Frau. »Ich bin sicher, sie hat dir den Blick für die Schönheit in der Natur gegeben. Das habe ich schon gemerkt, als du noch ein kleines Kind warst. Du strecktest die Arme nach den Blumen aus, und du hast so gern den Eichhörnchen und Vögeln in den Bäumen zugesehen. Das ist es, was dich von den anderen unterscheidet, sie können so etwas nicht verstehen.«
Taos Gedanken überschlugen sich, sein Kopf war voll neuer Ideen. Er sah Kala an, entschlossen, aber auch ein bißchen traurig. »Jetzt ist alles gut. Ich weiß endlich, was

ich zu tun habe. Wenn ich kein Eingeweihter werden kann, muß ich den Clan verlassen. Ich werde mir eine Höhle hoch oben in den Felsen suchen und draußen in den Wiesen und im Eichenwald leben.« Er zögerte und senkte die Stimme. »Und ich werde im Sumpf jagen, wo es reichlich Wild und Früchte gibt. Ich werde auch ohne die Hilfe der Ältesten ein Mann werden.«
Kala lächelte. »Du bist ein Träumer.«
Tao schüttelte den Kopf. »Nein, Kala, schau mich doch an. Meine Arme sind stark. Drei Sommer lang bin ich jetzt schon auf die Jagd gegangen und habe Essen für dich mitgebracht.«
Kala sah ihn warnend an. »Dann geh auf die Jagd«, sagte sie, »aber verfeinde dich nicht mit dem Clan. Wenn du Bilder malst oder verbotene Orte betrittst, sorge dafür, daß dich niemand dabei beobachtet. Geh deinen eigenen Weg, wenn du es so willst, aber sei vorsichtig.«
Tao streckte die Hand aus und berührte sie sanft am Arm. »Ich bin dir für so vieles dankbar, aber besonders für das, was du mir heute erzählt hast. Ich werde oft kommen und dir etwas zu essen bringen.«
Tao ging hinaus und hockte sich an das große Feuer in der Mitte des Lagers. Er dachte über Kalas Erzählung nach, als er plötzlich ein leises Wimmern aus dem Dunkel jenseits des Feuerscheins hörte. Tao sprang auf und entdeckte ein gelbes Augenpaar, das ihm aus der schwarzen Nacht entgegenblickte. Vor Schreck stockte ihm der Atem. Es war Ram. Der törichte Wolfshund war ihm ins Lager gefolgt.

5. Kapitel

Die Jäger im Lager hatten das leise Winseln ebenfalls gehört.
»Ein Wolf, ein Wolf!« schrie einer von ihnen.
Aufgeregt griffen sie nach ihren Speeren, rissen brennende Äste aus dem Feuer und rannten in die Dunkelheit, um die Büsche und das Unterholz zu durchsuchen.
Volt hörte den Lärm. Er warf sich sein Hirschfell über die Schultern und trat zu den anderen ans Feuer. »Was ist los?« fragte er.
»Wolf!« rief einer der Jäger.
»Tötet die Bestie«, donnerte Volt, »oder es wird ein Fluch über unser Lager kommen!« Drohend schwenkte er seinen Speer und folgte den Jägern.
Tao stand am Rande des Lagers und horchte auf die Schritte der Männer, die den Wald durchkämmten. Er hörte, wie sie mit ihren Speeren auf die Büsche schlugen, und sah ihre Fackeln im Dunkel auf und ab tanzen. Verzweifelt sann er auf eine Möglichkeit, den kleinen Wolf zu retten. Aber wenn er ihm etwas zurief, würden die Jäger nur aufmerksam werden.

Irgendwie mußte er Ram finden, bevor die Männer ihn aufstöbern konnten. Er zog sich einen brennenden Ast aus dem Feuer und hinkte hinaus in die Nacht. Um ihn herum krochen die Jäger durchs Unterholz. Sie würden jetzt einen großen Kreis bilden und den Wolf umzingeln, das wußte er.
Tao hielt seine Fackel hoch und versuchte, durch das dunkle Geäst der Kreuzdornbäume zu spähen. »Ram«, flüsterte er und suchte mit den Augen den schwachen Lichtkreis der Fackel ab. »Wo steckst du, Ram?«
Wahrscheinlich war der kleine Wolf von dem Lärm erschreckt worden. Aber Tao spürte, daß er sich noch in der Nähe versteckt hielt. Noch einmal rief er leise: »Ram!«
Nichts bewegte sich. Seine Fackel flackerte, und die zukkenden Schatten der Bäume spielten seinen Augen Streiche. Als er die Jäger näher kommen hörte, schlug sein Herz schneller. Nun konnte er nichts mehr tun. Der Kreis ihrer Speere wurde immer enger. Da löste sich eine graue Gestalt aus der Dunkelheit. Tao blieb stehen, als ein Tier leise winselnd auf ihn zu kroch. Es war Ram. Tao bückte sich und gab ihm einen Stoß. »Lauf weg«, flüsterte er, »schnell!«
Ram rührte sich nicht von der Stelle und sah ängstlich zu Tao auf.
Tao hob einen Stock auf und holte aus, als ob er werfen wollte. »Los, lauf weg!« befahl er.
Aber es war zu spät. Die Jäger waren nur noch ein paar Schritte entfernt und hatten den Wolf schon beinahe eingekreist.

Tao machte einen raschen Sprung nach vorn, erstickte die Flamme seiner Fackel in der feuchten Erde und warf den verkohlten Ast fort. Auf seinen Speer gestützt hinkte er mit großen Sätzen vorwärts. »Wolf! Wolf!«, rief er, so laut er konnte. »Komm, schnell«, flüsterte er dem kleinen Wolf zu.

Während er sich stolpernd durch den dunklen Wald vorankämpfte, hörte er das Trampeln der Jäger, die seiner Spur folgten. Ohne sich umzusehen, hinkte Tao eilig weiter, im Zickzack zwischen den Bäumen und Büschen hindurch, den Wolfshund immer dicht auf den Fersen. Zweige schlugen ihm ins Gesicht, er stolperte über Baumwurzeln, fiel hin und rappelte sich wieder auf. Wenn er nur schnell genug und weit genug laufen konnte, würde er die Jäger abhängen und Ram retten.

Schwer atmend bahnte er sich einen Weg durch das Unterholz und lauschte auf die wütenden Rufe der Männer, die ihn verfolgten. Er rannte, so schnell er konnte, und schlug Haken zwischen den Büschen und Bäumen, um die Jäger von seiner Spur abzulenken.

Aber sie ließen sich nicht täuschen. Sie blieben dicht hinter ihm und schienen sogar aufzuholen.

Wie blind stolperte Tao durch die Dunkelheit, auf den Schaft seines Speeres gestützt. Die Arme wurden ihm schwer, seine Beine fühlten sich an wie Felsblöcke. Die Bäume, die Schatten, die Nacht selbst kam ihm vor wie eine Wand, die sich vor ihn schieben und ihm den Weg versperren wollte.

Tao wußte nicht, wie lange er schon gelaufen war, aber

allmählich verhallten die Rufe hinter ihm, und er hörte die Schritte der Jäger nicht mehr. Keuchend blieb er stehen. Er hatte jetzt fast den Fluß erreicht, aber als er sich umsah, war der kleine Wolf nicht mehr da. »Ram«, flüsterte er und suchte mit den Augen die Dunkelheit um sich herum ab. »Wo bist du?«

Lauschend wartete Tao. Alles blieb still. Hatten die Jäger Ram gefangen? fragte er sich. Vielleicht hatten sie ihn getötet und waren dann umgekehrt. Aber er hatte nichts gehört, was darauf hindeutete. Die tiefe Dunkelheit und die unheimliche Stille machten Tao angst. Sein Kopf tat weh, und er wollte schon umkehren und zurück zum Lager gehen, da schien plötzlich ein Schatten aus dem Dickicht zu gleiten. Der kleine Wolf winselte leise und kam näher.

Tao beugte sich vor und seufzte erleichtert. Dann sagte er mit fester Stimme: »Du kannst nicht in unser Lager kommen. Die Menschen dort mögen keine Wölfe. Sie werden dich töten.« Er gab dem Wolfshund einen kleinen Stoß. »Lauf weg«, rief er leise. »Geh zurück in den Sumpf und warte dort auf mich.«

Ram sah zu ihm auf. Er hechelte, und die rosa Zunge hing weit aus seinem Maul.

Tao griff nach einem Stein. Sofort sprang der Wolf auf und lief davon. Ein- oder zweimal sah er sich um und verschwand dann im Dunkel. Tao lächelte. Wenigstens hatte er einen Weg gefunden, dem Tier klarzumachen, was er wollte.

In bester Stimmung trat Tao den Rückweg an. Als er das

Lager erreichte, setzte er allerdings eine wütende Miene auf. »Ich konnte den Wolf nicht einholen«, erklärte er den Jägern, die sich um das Feuer versammelt hatten. »Aber ich habe ihn weit weggejagt. Er wird nicht so bald zurückkommen.«

Volt schnaubte ärgerlich und ballte die Fäuste. »Ein Fluch der Geister«, knurrte er, während er sich mit dem Handrücken die narbige Wange rieb. »Ein böses Omen.«

»Wir müssen ihm auflauern und ihn töten«, setzte Garth hinzu. Manchmal konnte man Garth und Volt kaum auseinanderhalten. »Wir lassen ihn nicht noch einmal entwischen.« Tao fühlte, wie sich sein Magen zusammenkrampfte.

Am nächsten Morgen deckte Tao zusammen mit drei anderen Jungen die Glut des Lagerfeuers ab. Dann machte er sich auf den Weg an den Kalksteinhängen entlang. Die aschgrauen Felswände ragten hoch über ihm auf, und er sah sich aufmerksam um. In einiger Entfernung vom Lager bemerkte er im Fels eine Stelle mit mehreren nebeneinanderliegenden Höhlen. Ein guter Platz, dachte er. Hier kann ich Bilder machen, ohne daß Volt und die Jäger es je erfahren. Trotzdem ist es nahe genug am Lager, ich kann Kala besuchen und ihr und den anderen ab und zu etwas von meiner Beute bringen.

Er sah die steile unebene Felswand hinauf und begann zu klettern. Es war nicht einfach, aber er konnte in den Felsspalten Halt suchen und sich an die verkümmerten Pinien klammern, die hier und da aus dem Gestein wuchsen.

Die beiden ersten Höhlen, in die er hineinsah, gefielen ihm nicht. Die eine war zu klein und hatte dazu noch unebene, rauhe Wände. In der anderen roch es scharf nach Tieren. Tao hatte keine besondere Lust, seine Wohnung mit einem Leoparden oder einem Bären zu teilen. Etwa auf halber Höhe des Berges fand er eine dritte Höhle, von der man einen guten Blick über das flache Tal hatte. Er konnte keine Tierspuren ausmachen, offensichtlich war die Höhle noch unbewohnt. Sie maß etwa zehn Speerlängen, die Wände waren glatt, Risse oder Unebenheiten waren kaum zu erkennen.

Genau, was ich gesucht habe, dachte er. Hier bleibe ich.

Zufrieden, daß er das Richtige für seine Pläne gefunden hatte, verbrachte Tao die nächsten vier Tage damit, trokkenes Gras, Holzscheite und Reisig in die Höhle zu schleppen. Kala gab ihm ein Bärenfell und ein Talglicht, eine große, mit Tierfett gefüllte Herzmuschel, in der ein Docht aus Torf steckte. Sie zeigte ihm, wie man Katzenschwanzwurzeln und Schilfrohr zum Kochen trocknete. Schließlich wickelte sie eine Handvoll glühender Holzkohle in etwas feuchtes Gras ein und steckte das Ganze in einen hohlen Knochen, den sie ihm für sein Feuer mitgab.

Als die Höhle fertig eingerichtet war, lief Tao hinunter an den kleinen Fluß, der sich zwischen den Weiden entlangschlängelte, zu einer Stelle mit gelbem Lehm. Davon grub er etwas aus dem Flußbett und formte lange, schmale Stücke, die er zum Trocknen in die Sonne legte. Dann suchte er sich ein paar Eichenzweige und hielt sie in die Glut seines Feuers, um Holzkohlestifte daraus zu machen.

Als diese Vorbereitungen getroffen waren, stellte Tao sich in die Mitte der Höhle und sah sich um. Mit seinen Kohlestiften, den Lehmkreiden und einer Handvoll Moos hatte er jetzt die nötige Ausrüstung, um Bilder zu machen. Allerdings hatte er keine Vorlage, nach der er arbeiten konnte, also mußte er aus dem Gedächtnis zeichnen.

Er hob eines der getrockneten Tonstücke vom Boden auf. Es fühlte sich gut an, und er zog einen Strich auf der grauen Wand. Die farbige Linie hob sich klar und leuchtend vom Hintergrund ab.

Ich werde ein Pferd malen, dachte er. Auch wenn es niemand zu sehen bekommt, ich werde wissen, daß ich es gemalt habe.

Zuerst malte er den langen Kopf und den breiten Kiefer. Dann setzte er die Ohren und den sanft geschwungenen Hals an. Er arbeitete rasch und versuchte sich genau zu erinnern, wie die Pferde aussahen, die er oft draußen im Tal beobachtet hatte. Mit kräftigen Strichen zeichnete er den muskulösen Körper, die Kruppe, die Rückenlinie und den Schweif.

Bei den Beinen stockte seine Hand. Saßen die Knie oberhalb oder unterhalb der Mitte? Er wußte es nicht mehr. Die Hinterbeine waren sogar noch schwieriger zu zeichnen. Unsicher bewegte er seine Hand über die Felswand. Als das Bild fertig war, trat er zurück. Das ist

nicht richtig so, dachte er. Die Beine sehen ganz verkehrt aus.
Ungeduldig wischte Tao die Zeichnung mit Moos weg und fing von vorn an. Diesmal zeichnete er zuerst den Körper, dann die Beine und den wehenden Schweif. Aber als er den Kopf malte, geriet der viel zu groß für den Körper. »Auch nicht gut«, sagte er ärgerlich. »Es sieht eher aus wie ein Bär.«
Tao versuchte es wieder und wieder, aber das Ergebnis schien jedesmal schlechter zu werden. Schließlich kam er auf die Idee, zuerst eine Reihe Köpfe und darunter eine Reihe Körper zu malen, doch zum Schluß paßten die beiden Reihen überhaupt nicht zusammen. Enttäuscht schleuderte Tao den Kohlestift so heftig gegen die Wand, daß er in kleine Stücke zerbrach. »Ich werd's nie lernen«, seufzte er.
Eine Zeitlang saß er auf dem kalten Steinboden und überlegte. Dann nahm er sich ein neues Kohlestück und versuchte es noch einmal. Den ganzen Tag zeichnete er Pferde – kleine Pferde, galoppierende Pferde, wiehernde Pferde, alle möglichen Pferde. Er vergaß, die getrockneten Pflaumen zu essen, die Kala ihm mitgegeben hatte, vergaß, sich seinen Birkentee zu kochen. Je verbissener er übte, desto schwieriger schien seine Aufgabe zu werden. Schließlich warf er den Stift weg und legte sich auf sein Bärenfell. Müde, enttäuscht und mutlos schlief er ein.
Als er am nächsten Morgen erwachte, war um ihn herum alles still. Verschlafen blickte er um sich. Kein Feuer prasselte neben ihm wie in Kalas Hütte, keine Stimmen waren

draußen zu hören. Da erinnerte er sich, daß er allein war. Außerdem knurrte ihm der Magen. Schnell kletterte er die Felswand hinunter und lief durchs Tal. Als er den Strom erreicht hatte, wandte er sich nach Westen und ging weiter, bis er zum Sumpf kam.
Die Bäume und Sträucher leuchteten grün vom Frühlingslaub. Aus dem morastigen Boden wuchsen dicht an dicht junge Farne, und die feuchte Luft roch süß und erdig. Tao blieb einen Moment stehen und sah sich um, ob jemand ihn beobachtet hatte, bevor er durch das Dickicht in den Sumpf kroch. Er dachte längst nicht mehr an die Geschichten über Dämonen und böse Geister, und als er den Bach erreichte, setzte er sich in aller Ruhe zu einem reichhaltigen Frühstück aus Brunnenkresse und Muscheln ans Ufer. Nachdem sein Hunger gestillt war, ging er weiter hinunter in den Wald, auf der Jagd nach einem Kaninchen oder einem Ferkel.
Er suchte gerade den Boden um eine Gruppe von Eichen ab, als Ram durch das hohe Gras auf ihn zukam. Tao lächelte, froh, den kleinen Wolf zu sehen. Überrascht stellte er fest, daß das Tier längst nicht mehr so mager und schwach aussah wie noch ein paar Tage vorher. Ram war kräftiger geworden, und sein silbergraues Fell glänzte sauber und weich.
Nun kam er näher heran, jaulte leise und hielt den Kopf gesenkt. Als Tao sich bückte, um ihn zu streicheln, leckte er die Hand des Jungen. »Du wirst langsam größer«, sagte Tao. »Eines Tages wirst du ein prächtiger Wolfshund sein. Aber du mußt lernen, dich vor dem Talvolk

und den Jägern in acht zu nehmen. Jetzt komm mit, wir wollen zusammen auf die Jagd gehen.«
Den ganzen Morgen durchstreiften sie den Sumpf, sie erbeuteten Kaninchen, Feldmäuse und sogar ein Moorhuhn. Dann machte Tao sich auf den Rückweg zu seiner Höhle, während Ram neben ihm hertrottete. Wieder schaute er sich gründlich um, bevor er ins offene Tal hinaustrat, denn er wollte seine Jagdgründe geheimhalten. Schließlich erreichten sie die Höhle, und hier waren sie in Sicherheit. Tao entfachte ein Feuer aus der Glut vom Vorabend, die er sorgfältig abgedeckt hatte, und röstete das Moorhuhn und die Kaninchen. Die Sonne war noch nicht hinter den Hügeln versunken, rotgoldenes Licht flutete durch den Eingang in die Höhle hinein. Ram stand direkt vor der Öffnung, und während Tao aß, fiel ihm auf, wie deutlich sich der Körper des Wolfshundes gegen den orangeroten Himmel abzeichnete.
Sofort schob er sein Essen beiseite und griff nach der Lehmkreide. Er versuchte, die Umrisse des Tieres, die sich gegen den Abendhimmel abzeichneten, einzufangen. Geschickt glitt seine Hand über die Höhlenwand, als er die scharfgeschnittene Schnauze, die spitzen, aufrecht gestellten Ohren und die geschmeidige Form des Körpers auf der Steinfläche festhielt.
Tao trat zurück und sah sich das Bild an. Nun, zum Schluß, nahm er einen Holzkohlestift und malte die schmalen Augen und die kohlschwarze Nase. Diesmal war er zufrieden und wischte die Zeichnung nicht aus.

Wieviel leichter alles ging, wenn er eine Gestalt vor sich hatte, nach der sich sein Auge richten konnte. Fast mühelos war es ihm gelungen, ein naturgetreues Abbild zu malen, ohne jeden Fehler.

6. Kapitel

Den ganzen Frühling hindurch streiften Tao und Ram im Tal und in den Wäldern herum. Meistens jagten sie im Sumpf, wo es viel Wild gab und sie vor Volt und den anderen Jägern sicher waren.
Weiter nördlich, im Hochgebirge, sandten die schmelzenden Gletscher Ströme von eisigem Wasser ins Tal hinunter, die sich dort in kristallklare Seen, sprudelnde Bäche und endlose Moorflächen verwandelten. In den Wasserläufen fingen Tao und Ram Forellen und Hechte. Manchmal beobachteten sie in einiger Entfernung große braune Bären zwischen den Sandbänken, die mit ihren mächtigen Tatzen geschickt Lachse aus dem Wasser fischten.
Wenn die Jagd gut war und sie viel Wild erlegt hatten, ließ Tao den Wolfshund in der Höhle zurück, ging zum Lager und brachte Kala und den anderen Kaninchen, Gänse und Schnüre mit Lachsen.
Eines Nachmittags standen Volt und Garth auf der Lichtung, als Tao das Lager betrat. Volt kratzte sich mit seiner groben behaarten Hand den Kopf und blickte den Jungen mit zusammengekniffenen Augen mißtrauisch an. »Du

bringst uns viel Wild«, sagte er. »Trotzdem behauptest du, du jagst allein.«

Tao wollte nicht lügen. Doch er wußte, wenn er die Wahrheit sagte, würde man ihm alles wegnehmen – seine Höhle, seine Bilder, den kleinen Wolf, alles. Er sah zu Boden. »Ich jage mit keinem Menschen«, sagte er.

»Dann mußt du einen Ort gefunden haben, an dem es alles im Überfluß gibt«, sagte Garth neugierig. »Wenn das so ist, wirst du uns verraten, wo du jagst.«

Wieder zögerte Tao. Er wagte nicht, vom Sumpf zu sprechen, aber es konnte ja nicht schaden, ein paar andere Stellen zu nennen, an denen er jagte. »Wenn ihr einen Tagesmarsch weit geht, bis zu den Fichtenhainen, wo die Bäche in die großen Wasser münden, werdet ihr Lachse finden. Aber die braunen Bären fangen dort auch ihre Fische, ihr müßt euch also beeilen.«

Volt schnaubte, schüttelte den Kopf und ging davon, Garth folgte ihm. Tao wußte, daß es dem Anführer nicht leichtfiel, einen Jungen nach Jagdrevieren zu fragen. Doch die kleine Schar der Jäger seines Clans konnte nicht das ganze Land absuchen.

Wann immer Tao die Jäger nun in seinem Revier auftauchen sah, blieb er in seiner Höhle. Dann kauerte sich Ram zu seinen Füßen zusammen, und Tao übte sich im Malen. Er bedeckte die Wände mit Bildern von Bären, Wisenten und Mammuten, mit denen er allerdings nie richtig zufrieden war. Nur wenn er Ram zeichnete, wurden die Bilder wirklich gut.

Unten bei den Lichtungen erstreckte sich ein riesiger

Gletschersee wie ein langer blauer Finger in den Sumpf. Da war es wunderschön. Tao entdeckte immer wieder etwas Neues und Überraschendes, und dies wurde sein Lieblingsplatz. Dort beobachtete er die hochbeinigen weißen Kraniche, wenn sie durch das Schilf staksten, auf der Suche nach Flußkrebsen und Elritzen. Er schaute fasziniert einem Fischadler zu, der kreischend herabstürzte, um einen sich verzweifelt windenden Aal zu packen, und pfeilschnell wieder in die Höhe stieg, während das Wasser vom Angriff noch schäumte und spritzte.
Eines Tages, als der See noch in der Morgensonne dampfte, wanderten Tao und Ram auf der Suche nach Enteneiern das morastige Ufer entlang. Sie hatten gerade einen Schilfgürtel durchquert, als Tao ein Tier, größer noch als ein Pferd, im seichten Wasser weiden sah. Ihm stockte der Atem. Das war ein Rothirsch. Er hatte von diesen sagenhaften Tieren gehört, aber sie waren selten, und nur wenige Jäger hatten sie je zu Gesicht bekommen.
Dieser Hirsch stand vor Tao im knietiefen Wasser und fraß in aller Ruhe Wasserlilien, ohne die geringste Ahnung von der Gefahr, die ihm drohte. Das mächtige Geweih ragte von seinem Kopf auf wie ein gigantisches Paar Hände mit zahllosen gekrümmten Fingern.
Tao blieb bewegungslos, als der Hirsch näher kam, und legte eine Hand auf Rams Schulter, um den Wolfshund zurückzuhalten. Ram brannte darauf, die Jagd zu beginnen, und Tao spürte seine Anspannung. »Nein, Ram«, flüsterte er. »Diesmal hast du keine Chance. Im Was-

ser könntest du gegen dieses Riesentier nichts ausrichten.«

Tao wußte, daß der Wolf zwar der Schnellere von beiden war, der Hirsch mit seinem schweren Geweih aber ein sehr gefährlicher Gegner sein konnte.

Tao und der Wolf beobachteten den Hirschen so gebannt, daß sie die Schritte hinter sich nicht hörten. Ein alter Mann, mager und drahtig, mit tausend Fältchen um seine blauen Augen, kam heran. Sein Gesicht war von einem langen, fast weißen Bart bedeckt, er trug einen großen Holzspeer, und über seine linke Schulter hatte er einen Hirschlederbeutel geschlungen.

Ein paar Schritte hinter den beiden blieb der Alte stehen und beobachtete sie eine Weile. Dann räusperte er sich leise, als wolle er sie nicht erschrecken.

Ram fuhr herum und knurrte drohend, die Nackenhaare zornig gesträubt.

Der große Hirsch warf den Kopf zurück und galoppierte davon, daß das Wasser nur so aufspritzte.

Tao, der noch immer am Ufer stand, drehte sich jetzt zu dem Fremden herum. Sein Herz klopfte. Er hatte viele Gesetze gebrochen – er war auf verbotenem Gebiet, er hatte Bilder an die Wände seiner Höhle gemalt, und er jagte zusammen mit einem Wolf. Für all diese furchtbaren Vergehen gab es nun einen Zeugen.

Tao befahl dem Wolf, still stehenzubleiben. Dann hinkte er langsam auf den Fremden zu und versuchte dabei, seine Angst nicht zu zeigen.

Der alte Mann mit den buschigen Augenbrauen sah ihn

an. Seine Miene wirkte nicht ärgerlich, nur ein bißchen erstaunt. Er hatte den kranken Fuß und die trotzige Haltung des Jungen bemerkt. »Du bist Tao vom Talvolk«, sagte er.

»Du kennst meinen Namen?« fragte Tao überrascht.

»Ja«, sagte der alte Mann. »Ich komme weit herum, wenn ich für die Clans in den verborgenen Gewölben male, und ich höre so manches.«

Tao schluckte. Er fühlte eine Mischung aus Furcht und Hochachtung. Der Fremde, der vor ihm stand, war Graubart, der Höhlenmaler, der Schamane aller Clans. Nie hätte Tao gedacht, daß er diesem großen Mann einmal allein begegnen würde.

»Du jagst also auf verbotenem Gebiet«, stellte Graubart fest.

Tao wurde rot und trat verlegen von einem Fuß auf den anderen. »Es ist ja nur wegen der Dämonen und bösen Geister verboten«, brachte er schließlich hervor.

»Und du hast keine Angst vor Dämonen?«

»Ich habe die furchtbaren Schreie und das wimmernde Geheul gehört, aber das sind die Laute der Adlereule und des Fischreihers. Wenn es außerdem noch andere Dämonen gibt, habe ich sie bisher nicht gesehen.«

Der alte Mann lehnte sich auf seinen Speer. »Du jagst mit einem Wolfshund. In deinem Clan ist auch das streng verboten.«

Tao schwieg einen Augenblick lang. Dann schluckte er und sagte: »Die Menschen meines Clans sterben fast vor Hunger. Der Sumpf ist voll von Wild. Mit dem Wolfshund an meiner Seite kann ich den Leuten genug zu essen bringen.«

Graubart nickte. »Du hast keine Angst vor Dämonen, du glaubst nicht an böse Geister, und die heiligen Gesetze schmelzen vor deinen Augen wie der Schnee im Frühling.«

»Es tut mir leid«, entgegnete Tao, »aber ich kann einfach nicht glauben, daß alles im Sumpf schlecht sein soll. Die Tiere, die Vögel, die Bäume geben uns Nahrung und Kleidung. Trotzdem sehen unsere Anführer hier nur Böses.«

Graubart nickte wieder. Tao glaubte Verständnis in den Augen des Alten zu erkennen.

»Und du weißt es besser als die Anführer«, fuhr Graubart fort.

»Nein«, erwiderte Tao. »Ich weiß nur, daß es im Sumpf viel Gutes gibt. Hier kann ich etwas zu essen finden. Ich beobachte die Tiere und Vögel – ich fühle mich wohl hier.«

Graubart sah hinaus auf den blauen See. »Und vorhin hast du gerade das Tier mit dem großen Geweih beobachtet?«

Tao nickte. »Ich habe noch nie vorher einen Rothirsch gesehen.«

»Weiter nördlich gibt es viele davon, in der Nähe der Eisfelder«, sagte Graubart. »Manchmal, wenn der Schnee zu hoch liegt, kommen sie hier herunter.«

Ram war ein paar Schritte hinter Tao stehengeblieben, die Zähne noch immer drohend gebleckt.

Der alte Mann sah den Wolfshund ohne eine Spur von Angst an. »Wie lange jagst du schon mit dem Wolf?«

Tao dachte einen Moment nach. »Seit der Schneeschmelze.«

»Und wie nennst du ihn?«

»Sein Name ist Ram.«

Der alte Mann lächelte.

»Glaubst du, daß es gut ist, einen Wolfshund zu haben?« fragte Tao.

»Ja«, erwiderte Graubart. »Sie sind eine große Hilfe bei der Jagd, und in der Nacht schützen sie das Lager vor Angreifern.«

»Volt, unser Anführer, haßt Wölfe«, sagte Tao. »Er glaubt, sie seien Dämonen, und er will sie nicht im Lager haben.«

»Ich kenne euren Anführer gut«, sagte Graubart. »Er ist ein guter Mann, aber er träumt zu oft von Dämonen und Geistern.«

Tao trat einen Schritt näher und flüsterte: »Ich habe niemandem von Ram erzählt.«

»Ich werde dich nicht verraten«, entgegnete Graubart. »Ich bin gekommen, um im Verborgenen Gewölbe zu malen.«

Tao war erleichtert, weil er wußte, Graubart würde sein Wort halten.

»Die Herden kehren allmählich wieder«, sagte der alte Mann und nickte bedächtig. »Sie werden hier sein, sobald das Tal grün ist vom frischen Gras. Ich habe die Neuigkeit schon in den anderen Lagern verbreitet. Jetzt werde ich in den Verborgenen Gewölben Bilder von den großen Tieren malen, damit die Jagd gut wird.«

Tao hätte zu gern mehr über diese Bilder und Graubarts Malerei gehört, aber er merkte, daß der alte Mann müde war. »Willst du mitkommen und bei mir essen?« fragte er. »Ich wohne in einer Höhle auf der anderen Seite des Tals.«

Graubart lehnte sich gegen den Stamm einer Birke und rieb sich die Augen. »Ja«, sagte er dann, »ein wenig Ruhe tut mir sicher gut.«

7. Kapitel

Langsam wanderten sie zwischen jungen Farnen und knospenden Kreuzdornbäumen zurück zur Höhle, und Tao bestürmte den alten Mann mit Fragen.
»Andere Clans halten Wolfshunde«, sagte er. »Warum haßt Volt sie so sehr?«
Graubart blieb stehen, um Atem zu schöpfen, und hustete ein wenig. »Du kennst doch Volts Gesicht?« fragte er dann. »Hast du die Narben gesehen, die ihm diesen bösartigen Ausdruck geben?«
Tao runzelte die Stirn. »Das war ein Wolfshund?«
»Jedenfalls ist Volt fest davon überzeugt«, erwiderte Graubart. »Er war noch ein Kind, als es geschah, aber sein Vater erzählte ihm, es sei ein Wolf gewesen.«
»Ich glaube nie im Leben, daß ein Wolf so etwas tun würde«, sagte Tao.
»Ich auch nicht«, entgegnete der alte Mann. »Damals gab es in dieser Gegend viele Hyänen. Aber Volts Vater fürchtete sich sehr vor Dämonen, und er sagte, es sei ein Dämon in Wolfsgestalt gewesen. Volt würde nie irgend etwas anderes glauben. Deshalb ist dies hier verbotenes Gebiet.«

»Und es ist wirklich im Sumpf geschehen?«
»Ja«, sagte Graubart. »Volt war mit seiner Mutter hier zum Beerensammeln, als sie von einem Tier angegriffen wurden. Volt wurde schwer verletzt, seine Mutter getötet. Seitdem ist der Sumpf ein Ort des Bösen, und die Leute denken immer an Dämonen, wenn ein Schrei oder ein Wimmern von hier zu ihnen hinüberdringt.«
Sobald sie aus dem Dickicht ins offene Tal kamen, sah Tao sich vorsichtig um.
»Richtig«, sagte der Alte, »es ist besser, den Wolfshund versteckt zu halten.«
Tao nickte, fügte aber hinzu: »Wenn Volt sehen könnte, wie gut Ram bei der Jagd ist, würde er vielleicht seine Meinung ändern.«
Der alte Mann zuckte die Achseln. »Volt sieht nur die Welt der bösen Geister. Wenn er nicht irgendein gutes Omen oder Zeichen der Geister erkennt, wird er sich bestimmt nicht überzeugen lassen.«
»Du weißt viel über die Clans und ihre Leute«, stellte Tao fest.
»Seit zwanzig Sommern gehe ich nun von Lager zu Lager, male in den Höhlen, erzähle Neuigkeiten und helfe den Kranken.« Der alte Mann hielt einen Moment inne und strich sich mit seiner knochigen Hand den Bart. »Ich habe viele junge Männer zu Jägern und junge Mädchen zu Müttern heranwachsen sehen.«
Taos Herz machte einen Sprung. Hoffnungsvoll sah er den alten Mann an. »Dann hast du meine Mutter und meinen Vater gekannt?«

Graubart schüttelte den Kopf. »Nein, ich weiß nur, daß deine Mutter kurz nach deiner Geburt gestorben ist und Kala dich aufgezogen hat.«
»Also kennst du Kala?«
Der alte Mann lächelte. »Ja, wir sind zusammen aufgewachsen. Aber das war vor vielen Sommern, bevor du geboren wurdest, und bevor ich ein Schamane wurde.«
»Dann bist du auch aus dem Talvolk?«
»Damals war ich einer von euch. Ich ging fort, bevor mein sechzehnter Sommer anbrach, und jetzt gehöre ich zu allen Clans.«
Inzwischen waren sie am Fuß der Felswand angekommen und begannen den Hang hinaufzuklettern. Doch es ging nur langsam voran, denn der alte Mann mußte viele Pausen einlegen.
Am Eingang der Höhle blieb Tao stehen und ließ dem Alten den Vortritt.
Sobald seine Augen sich an die Dunkelheit gewöhnt hatten, bemerkte Graubart die Wandmalereien, die Bilder vom Wolfshund, die Kohlezeichnungen von Höhlenbären, Eulen und Lachsen. Lange Zeit stand er davor und schaute von einem Bild zum nächsten. Dann fiel sein Blick auf die Lehmkreide und die Holzkohlestifte auf dem Boden.
Tao beobachtete ihn gespannt. Dieser Mann war der Schamane. Sein Wort bedeutete viel. Tao biß sich auf die Lippen und wartete ungeduldig darauf, daß Graubart sprach.

Der Alte drehte sich langsam zu ihm um. »Hast du diese Bilder gemacht?«
»Ja«, sagte Tao und war plötzlich ungeheuer stolz.
Der alte Mann sah sich die Bilder noch einmal genau an. Dann strich er leicht mit der Hand darüber und blies die Kreide von seinen Fingern. »Wer hat dir gezeigt, wie man so etwas macht?«
»Niemand«, antwortete Tao. »Ich habe es mir selbst beigebracht.«
Der alte Mann nickte und wandte sich wieder den Bildern zu, zog die Linien mit seinem langen, knochigen Finger nach und murmelte dabei leise vor sich hin. Dann trat er von der Wand zurück. Sein faltiges Gesicht wirkte auf einmal zornig. Plötzlich bückte er sich, kratzte mit beiden Händen Staub und Asche vom Boden der Höhle und schmierte sie über die Wand, bis die Bilder vollkommen von Schmutz bedeckt waren.
Tao sah entsetzt zu. Vor Enttäuschung kamen ihm fast die Tränen. »Die Bilder sind nicht gut?« fragte er leise.
Graubart rang nach Atem und versuchte, einen Hustenanfall zu unterdrücken. »Dummer Junge«, donnerte er. »Fällt dir nichts Besseres ein, als Bilder und Zeichen zu machen, wo man sie entdecken könnte?«
Tao war wie gelähmt. Er konnte nicht mehr denken. »Dann sind sie also nicht gut?« fragte er noch einmal.
Der alte Mann schüttelte den Kopf und blickte Tao zornig an. »Das ist völlig gleichgültig«, sagte er. »Gut oder schlecht, du bist kein Eingeweihter. Für das, was du getan hast, könnten sie dich töten.«

Tao ballte die Fäuste. Tränen stiegen ihm in die Augen, und mit zitternder Stimme sagte er: »Das ist mir egal. Alles, was ich will, ist Bilder malen. Das wünsche ich mir schon so lange. Nachts träume ich sogar davon. Ich möchte ein Höhlenmaler werden wie du.«

Der alte Mann sah zu ihm hinunter, sein Blick war immer noch voller Zorn. »Es ist gegen die Bräuche«, sagte er scharf. »Ob du daran glaubst oder nicht, macht keinen Unterschied. Es ist gegen die Bräuche. Das ist das heilige Gesetz der Völker, und du mußt dich daran halten.«

8. Kapitel

Der alte Mann lief in der Höhle auf und ab, seine Füße machten ein schlurfendes Geräusch auf dem Steinboden. Am Eingang blieb er stehen und sah hinaus über das Tal. Er atmete immer noch schwer, aber seine Aufregung hatte sich gelegt. »Es tut mir leid«, sagte er. »Die Höhlenmalerei ist eine geheimnisvolle Kunst, die vom Vater an den Sohn weitergegeben wird. Mein Vater war ein Höhlenmaler. Jetzt bin ich es. So ist es immer gewesen, so wird es immer sein. Man kann nicht einfach von heute auf morgen damit anfangen.« Er wandte sich zu Tao um. »Du mußt lernen, mit den Dingen zu leben, die du nicht ändern kannst.«

Tao seufzte tief und biß sich auf die Lippen. Vielleicht sollte er seinen Traum wirklich begraben.

Kurze Zeit später saßen sie beide mit gekreuzten Beinen auf dem Steinboden und aßen Muscheln, die Tao aus dem Bach gesammelt hatte. Mit scharfen Feuersteinklingen brachen sie die schwarzblauen Schalen auf und klaubten das weiche Fleisch heraus.

Der Geruch von Birkentee erfüllte die kleine Höhle, während das Gebräu in einem Ledersack über dem offenen Feuer brodelte. Eine Weile aßen sie schweigend. Dann fragte Tao: »Mein Wunsch kann also niemals in Erfüllung gehen?«

Der alte Mann nickte ungeduldig. »Ich habe es ja schon gesagt: Wenn du nicht der Sohn eines Anführers bist oder von den Ältesten bestimmt wirst, ist es unmöglich.« Er öffnete eine weitere Muschel und trank einen Schluck Birkentee dazu. »Seit tausend Sommern ist es so, und es wird sich auch nicht ändern.«

»Und ich darf nicht tun, was ich am liebsten möchte? Ich darf keine Bilder machen?«

Graubart sah durch den Höhleneingang hinaus in die Ferne. Gedankenverloren strich er sich den Bart und sagte schließlich: »Tu, was du nicht lassen kannst, aber sorge dafür, daß niemand davon erfährt. Sie würden es nicht verstehen. Und vergiß nie, deine Bilder auszuwischen, wenn du fertig bist.«

Der alte Mann warf einen Blick auf die Höhlenwand, von der er die Zeichnungen abgewischt hatte. »Deine Bilder sind nicht schlecht für den Anfang«, fuhr er fort, »aber du mußt noch viel über Formen lernen. Du mußt die Tiere genau studieren. Schau dir an, wie sie aussehen, wenn sie laufen oder im Gras ruhen. Achte darauf, wie ihr Fell die Farbe verändert, wenn sie in der Sonne oder im Schatten stehen.«

Graubart lächelte. Er hatte seinen Zornesausbruch völlig vergessen. »Geh hinauf in die Hochebene und beobachte Saxon, den heiligen Stier. Guck dir genau an, wie die kräftigen Muskeln sich an seinem Nacken abzeichnen, wie er den Kopf bewegt und wie manchmal wütendes Feuer in seinen Augen aufleuchtet. Merk dir dies alles und halte es in deinem Bild fest.«

»Es ist ein bißchen wie Zauber«, sagte Tao und sah den alten Mann erwartungsvoll an, gespannt, ob er ihm noch mehr erzählen würde.

Graubart nahm seine Hirschledertasche und schüttelte sie, daß der Inhalt klapperte. »Dies ist der richtige Zauber«, sagte er. »Mit diesen Steinen kann ich zu den Geistern der Tiere sprechen und für eine gute Jagd sorgen.«

Er nahm sieben flache Steine aus der Tasche. Sie waren alle größer als seine Handfläche, und auf jedem war das Bild eines Tieres eingeritzt. Der Schamane wählte einen davon aus und hielt ihn Tao hin, damit er ihn näher anschauen konnte. Der Stein zeigte das Bild eines Mammuts.

Tao staunte. »Das ist der wandernde Berg!«

»Richtig«, sagte Graubart. »Vor drei Sommern kamen die Mammute durch das Tal, und ich habe diese Zeichnung gemacht.«

»Seitdem waren sie noch nicht wieder hier.«

»Das stimmt«, sagte der alte Mann. »Aber nun, da ich dieses Bild habe, kann ich andere Mammute an die Wand des Verborgenen Gewölbes malen. Ich kann Linie für Linie nachzeichnen und die Form genauso wiedergeben, wie ich sie gesehen habe. Auch auf diese Weise spreche ich zu den Geistern der großen Tiere und rufe sie zurück ins Tal.«

Graubart zeichnete das Bild mit der Spitze seines Messers auf dem Boden der Höhle nach. »Hier«, sagte er. »Zuerst brauchst du einen groben Umriß des Tieres. Dann mußt du den höchsten Punkt der Schulter suchen und von dort aus die Rückenlinie in einem Strich bis zum Schwanz hinunter ziehen.« Graubarts Hand flog über den Boden, seine Augen leuchteten wieder, während er die Beine, die Hufe und den Körper zeichnete und mit kleinen Strichen Mähne und Fell andeutete.

Tao beugte sich vor und sah gebannt zu.

Im Staub war immer klarer das Bild eines Mammuts zu erkennen. Schließlich zeichnete der alte Mann die gebogenen Stoßzähne und ein Auge ein. »Du mußt es immer und immer wieder üben«, sagte Graubart. »Nur so kannst du lernen. Aber ich warne dich noch einmal: Vernichte deine Bilder, sobald du sie vollendet hast.«

Graubart stand auf und wischte die Zeichnung mit der Sohle seiner Hirschledersandale aus. »Jetzt muß ich zum Lager deines Clans aufbrechen«, sagte er. »Heute nacht wollen wir die Jagdgeister durch Gesänge und Zauber günstig stimmen.«

Da Tao kein Eingeweihter war, konnte er nicht an der Zeremonie teilnehmen. Er war enttäuscht, daß Graubart schon gehen mußte, denn es gab noch so viele Fragen, die er dem Alten gern gestellt hätte. Er stand auf, sah Graubart aber nicht direkt an. »Ich begleite dich noch ein Stück«, sagte er.

Sie kletterten die Felswand hinunter, vorsichtig, da die

Sonne sie blendete, und gingen am Fuß der Berge entlang. Tao benutzte seinen Speer als Krücke und humpelte vor dem alten Mann her, Ram trottete dicht hinter den beiden.

»Du wirst etwas langsamer gehen müssen, wenn du willst, daß ich mit dir Schritt halte«, sagte Graubart und unterdrückte ein Husten.

Tao wartete, bis der Alte ihn eingeholt hatte. »Wenn ich zum Bergvolk ginge«, sagte er, »würden sie mich vielleicht dort als Höhlenmaler aufnehmen.«

Der alte Mann blieb stehen und schüttelte den Kopf. »Du hast es immer noch nicht verstanden«, sagte er. »Das Bergvolk, das Seevolk, das Talvolk, alle Clans sind gleich. Ihr Leben ist bestimmt von Zauberkraft, den heiligen Bräuchen und bösen Geistern. Wenn du den Fluß überquerst, um in ihr Land zu gelangen, wird man dich nicht willkommen heißen.«

»Aber du wanderst doch ohne Gefahr von Clan zu Clan«, wandte Tao ein.

»Ich habe ja schon gesagt, mein Vater hat mich mit der Welt der Geister verbunden. Ich kann überall hingehen und mit meinem Zauber Feuer machen, indem ich Steine gegeneinanderschlage. Ich kann einer unfruchtbaren Frau dazu verhelfen, ein Kind zu gebären, indem ich ein wenig Lehm auf ihre Hütte streiche. Ich kann für eine gute Jagd sorgen, indem ich ein Tier auf eine Höhlenwand male.«

Sie gingen schweigend weiter, und Tao dachte einen Moment nach. Dann sagte er: »Und obwohl du all diese

Dinge tun kannst, glaubst du nicht, daß es wirklich Zauber ist?«

Graubart zuckte die Achseln und fuhr sich durch den Bart. »Wer weiß«, erwiderte er. »Vielleicht sind es nur Worte. Vielleicht ist es nicht mehr als ein Schattenspiel. Dennoch sehe ich, daß es den Menschen Hoffnung und den Jägern neuen Mut gibt. Oft treten die Dinge, die ich vorhersage, gar nicht ein. Doch die Leute zweifeln deshalb nicht an mir. Wenn meine Voraussagen sich erfüllen, sind sie zufrieden, wenn nicht, fragen sie nicht weiter danach. Aber eines weiß ich: Wenn sie es Zauberei nennen wollen, laß sie. Wenn man ihnen etwas anderes erzählen wollte, würden sie nur wütend werden.«

Wieder blieb Graubart stehen. »Hier«, sagte er, »ich werde dir etwas zeigen, was sie für Zauber halten.« Er griff in seine Hirschledertasche und nahm einen flachen, runden Gegenstand heraus, der wie silbernes Feuer im Sonnenlicht glitzerte, als er ihn auf seine Handfläche legte. »Dies ist ein Funkelstein«, sagte der alte Mann. »Mein Vater hat ihn vor vielen Sommern aus der Erde gegraben und mit Sand poliert.«

Sie standen ungeschützt, nur von niedrigem Gestrüpp umgeben, im gleißenden Licht der Nachmittagssonne. Graubart ging langsam um Tao herum und hielt den Stein so, daß sich das Sonnenlicht auf der schimmernden Oberfläche spiegelte. Dann richtete er den Strahl genau auf Taos Gesicht, und der Junge schlug schützend die Hände vor die Augen, geblendet von der plötzlichen Helligkeit.

Graubart lächelte und steckte den Stein wieder zurück in seine Tasche. »Siehst du, ist das Zauberei? Es ist nur die Kraft der Sonne, nichts weiter. Vor langer Zeit hat mich dieser Stein einmal vor einem wütenden Bären gerettet.«

Schweigend setzten sie ihren Weg fort. Als sie am Rand des Eichenwaldes angekommen waren, zögerte Tao. »Es ist besser, wenn ich hier umkehre«, sagte er. »Ich kann Ram nicht mit ins Lager nehmen, und es wäre gefährlich, zu nahe heranzugehen.«

Der alte Mann nickte. Leise summend begann er mit den Vorbereitungen für seine Beschwörung. Er öffnete seinen Lederbeutel, holte ein Amulett aus Elfenbein und eine Kette aus Bärenkrallen heraus und hängte sie sich um den Hals. Unter seinem Umhang zog er ein Wisenthorn hervor, setzte es an die Lippen und blies hinein. Der langgezogene Trompetenton hallte von den Bäumen wider, und Graubart kämpfte mit einem Hustenanfall. »Ich kann nicht mehr so laut und lange blasen wie früher«, sagte er. Dann sah er Tao an und lächelte mit einem Zwinkern in den Augen. »Nun bin ich bereit.«

Tao sah dem alten Mann nach, der zwischen den hohen Eichen verschwand. Wieder und wieder hörte er das Horn. Er wußte, die Frauen und Kinder versteckten sich jetzt, und bald würde im Lager Totenstille herrschen.

Wenn Graubart die Lichtung betrat, würden die Jäger sich um ihn scharen und darauf warten, daß er zu spre-

chen anfing, gespannt auf Nachricht über die bevorstehende Jagd und Geschichten von den anderen Clans. Später, wenn die Dunkelheit hereinbrach, begannen die Gesänge, und die Jagdgeister wurden nach den geheimen Bräuchen des Clans beschworen.
Tao und Ram kehrten in die kleine Höhle zurück. Tao häufte etwas Reisig in dem Ring von Steinen auf, der seine Kochstelle war. Er blies in die noch glimmende Asche. Bald loderten die Flammen kräftig auf, und Tao hockte sich vor das Feuer, um Birkentee aufzubrühen und Eichhörnchenfleisch an einem Holzspieß zu rösten. Als er gegessen hatte, legte er sich auf sein Bärenfell und starrte in die Flammen.
Er erinnerte sich an die Zeit vor fünf Sommern, als er noch ein Kind gewesen war. Damals hatte er heimlich aus Kalas Hütte hinausgespäht und zum ersten Mal Graubart gesehen, der im Licht des großen Feuers stand und zu den Jägern sprach.
»Jäger des Talvolkes!« hatte Graubart gerufen. »Die großen Tiere kommen zurück. Die gefleckten Pferde und die Tarpane werden bald hier sein. Der Wisent wird die Hochebene durchqueren; das Rotwild wird sich in den Fichtenhainen sammeln.« Seine Stimme war damals noch klar und laut gewesen. »Wir müssen stark und mutig sein. Wir müssen so schnell laufen wie die Rehe und unsere Speere geschickt werfen, dann werden wir genug Fleisch zum Essen haben und Felle, die unsere Leiber bedecken und unsere Frauen und Kinder im Winter wärmen. Laßt uns nun das Verborgene Gewölbe aufsuchen.

Dort wollen wir Bilder malen und die Geister der großen Tiere anrufen.«
Die Männer hörten zu, aber sie warteten immer ungeduldiger auf das Zeichen zum Aufbruch. Als Graubart geendet hatte, standen einige auf und stimmten Gesänge an. Andere begannen zu tanzen, und ihre Elfenbeinamulette und Knochenarmbänder blitzten und schimmerten im Licht des Feuers. Einer der Jäger blies auf einer kleinen Flöte, die aus einem hohlen Knochen gemacht war. Er ging langsam um das Feuer herum und spielte immer wieder dieselben zwei Töne, während die Jäger ihren Tanz fortsetzten.
Damals hatte Tao beobachtet, wie Graubart den Pfad zum Eingang der Großen Höhle hinaufgeschritten war, gefolgt von den Jägern, die Speere und Fackeln trugen. Dann hatte er den Zug aus den Augen verloren. Aber er wußte, daß sie durch lange gewundene Gänge tief in den Berg hineingehen mußten, bis zum Verborgenen Gewölbe. Dort malte Graubart zusammen mit einigen der Eingeweihten Bilder von den großen Tieren, und das stimmte die Geister der Jagd freundlich.
Tao erinnerte sich auch noch gut an das, was am nächsten Tag geschehen war. Die Jäger waren hinaus zu den Fichtenhainen und auf die andere Seite des Tals gezogen, wo sie auf die großen Tiere gewartet hatten. Vier Tage waren sie unterwegs gewesen. Als sie zurückkehrten, brachten sie reiche Beute mit, viel zu essen, Felle für Kleider sowie Knochen und Hörner, aus denen Werkzeug und Schmuck gefertigt wurde. Einige der jungen Männer ka-

men als tapfere Jäger wieder, andere hatten furchtbare Wunden davongetragen, und zwei kehrten nicht zurück. Am folgenden Tag wurde erneut eine Zeremonie mit Tänzen und Gesängen abgehalten. Diesmal war die Stimmung traurig, und das Klagen und Weinen drang weithin durch das Tal.

9. Kapitel

Die Tage wurden langsam wärmer, die Sonne kletterte immer höher am Firmament. Das Tal war jetzt wie ein Meer von wogendem Gras. Hier und da standen vereinzelte Birken und Weiden, deren üppiges gelbgrünes Laub weithin leuchtete.

Eine nach der anderen kehrten die großen Wildherden zurück. Sie zogen träge durch das Tal, grasten und fraßen die Knospen von den Büschen. Als erste waren die Antilopen und Hirsche gekommen, die in kleinen Rudeln durch das Grasland wanderten. Ihnen folgten die Pferdeherden mit Fohlen und Stuten, die beim Weiden von den Hengsten nicht aus den Augen gelassen wurden. Nach und nach verteilten sich die Herden über das ganze Land.

Die Jagd war jetzt gut; das Talvolk hatte mehr als genug zu essen. Auch die Ausbeute an Fellen war reichlich, und so saßen die Frauen an den Feuern und nähten Stiefel und Kleider, um die abgetragenen Sachen vom Vorjahr zu ersetzen.

Wie Graubart ihm geraten hatte, begann Tao die Tiere genauer zu studieren. Er beobachtete die Seetaucher und die großen weißen Schwäne, wenn sie sich im Morgennebel auf dem See ihr Futter suchten. Zweimal sah er einen Höhlenlöwen durch das Tal stolzieren und bewunderte sein sandfarbenes Fell, das sich kaum von den braungelben Gräsern abhob. Gemeinsam mit Ram kletterte Tao auf die felsigen Pässe, um nach Steinböcken und Bergwiddern Ausschau zu halten, die von den verschneiten Gipfeln über das Tal blickten.

Eines Morgens nahm Tao den Wolf mit hinauf auf den höchsten der Berge. Von dort hatten sie Aussicht auf eine weite Hochebene, die sich bis hinter den Horizont erstreckte. In einiger Entfernung konnte Tao Saxon, den heiligen Stier, erkennen. Stämmig, mit breitem Nacken und massigem Körper wirkte Saxon wie ein großer schwarzer Koloß dort mitten in der Hochebene.

Die Augen des Stiers waren zwar nicht besonders gut, aber sein Geruchssinn war um so schärfer ausgeprägt, und so dauerte es auch nicht lange, bis er den Menschengeruch wahrgenommen hatte. Er hob den Kopf, und Tao sah die langen, gebogenen Hörner in der Morgensonne schimmern. Obwohl Saxon so schwerfällig aussah, bewegte er sich geschmeidig und unglaublich schnell. Schon fuhr er herum, warf den Kopf hoch und stieß ein dröhnendes Geheul aus. Dann griff er an.

Tao erstarrte, als er den Stier schnaubend und mit zornig geblähten Nüstern auf sich zurennen sah. Aber er erholte sich schnell von seinem Schrecken, packte Ram am Nackenfell und zog ihn eilig mit sich hinauf auf einen Felsen, der am Rande der Hochebene steil aufragte.

Hier waren sie in Sicherheit vor dem riesigen Auerochsen, der jetzt direkt unter ihnen wütend im Staub scharrte.
Mit klopfendem Herzen sah Tao hinunter auf das gewaltige Tier. Gebannt beobachtete er das Spiel der kraftvollen Muskeln unter dem glänzenden schwarzen Fell. Als sein Blick auf die Hörner fiel, die aus der Nähe noch viel bedrohlicher wirkten, zuckte Tao unwillkürlich zusammen.
Jetzt verstand er, warum dieses Tier zum Hüter der Gesetze bestimmt worden war. Jeder, ob Mann oder Frau, der ein Gesetz seines Clans gebrochen hatte, wurde hier heraufgeführt und Saxon, dem heiligen Stier, gegenübergestellt. Nur mit einem Speer und einem Feuersteinmesser bewaffnet, mußten sie sich gegen die wütende Bestie verteidigen. Wenn sie überlebten, war das der Beweis ihrer Unschuld. Bisher hatte aber noch niemand den Kampf lebend überstanden. Die sonnengebleichten Knochen, die überall auf dem Boden der Hochebene verstreut lagen, zeugten vom immer gleichen Ausgang der Kämpfe.
Der Wolfshund knurrte, und Tao mußte ihn festhalten. »Warte«, sagte er. »Wir wollen Saxon nur anschauen.« Tao kniete sich hin, um das mächtige Tier näher in Augenschein zu nehmen. Saxon, dachte er, du bist größer als ich und stärker, aber ich werde dein Bild auf meinem Stein einfangen. Er nahm eine breite Schieferplatte aus seiner Tasche, setzte sich so hin, daß seine Beine über den Rand des Felsens baumelten, und begann den großen

Stier zu zeichnen. Er versuchte, den massigen Leib, den starken Nacken und den riesigen Kopf im Bild festzuhalten. Sein kleiner Meißel ritzte den Stein und hinterließ schwungvolle weiße Linien auf der Schieferplatte.
Als Tao mit seiner Zeichnung fertig war, blies er den Staub weg und hielt die Steinplatte hoch. »Sehr gut«, sagte er. »Es ist genau so, wie ich es wollte.« Er sah zu Saxon hinunter und lachte. »Geh«, sagte er, »geh zurück in dein Revier und warte auf deine Kühe. Ich hab deinen Geist in meinen Stein geritzt.«
Schließlich verlor Saxon die Lust zu warten und trottete über die Ebene davon. Nun konnten Tao und Ram von ihrem Felsen hinunterklettern und zur Höhle zurückkehren. Ram kauerte sich gleich in eine Ecke, während Tao damit anfing, das Bild des Stieres abzuzeichnen. Mit einem Stück Lehmkreide entwarf er zunächst einen groben Umriß. Dann nahm er seine Schieferplatte als Vorlage und zeichnete Strich für Strich den muskulösen Nacken und die breite Brust. Als nächstes malte er den gewaltigen Kopf mit den langen, geschwungenen Hörnern. Tao arbeitete schnell, beinahe mühelos, und spürte, wie das Bild immer lebendiger wurde, je genauer er jede Einzelheit ausführte. Die Arbeit mit der weichen Kreide, die auf dem Stein hin und her glitt, machte ihm soviel Spaß, daß er völlig vergaß, sich etwas zu essen zu machen.
Tao malte immer noch, als er Ram plötzlich knurren hörte. Er blickte auf, um nachzusehen, ob der kleine Wolf vielleicht träumte, aber Ram war hellwach und von seinem Platz in der Ecke aufgesprungen.

Hastig legte Tao Kreide und Schieferplatte auf den Boden. Ihm war auf einmal unbehaglich zumute. »Was ist los, Ram?«
Der Wolf lief zum Eingang der Höhle und blieb dort knurrend und schnüffelnd stehen.
Tao lauschte einen Moment. Dann hörte er ein Knirschen und das Poltern herabfallender Kiesel. Sein Herz klopfte. Jemand kletterte die Felswand hinauf.
Ram knurrte wieder. »Sei still«, flüsterte Tao.
Der Kletterer kam näher. Tao drehte sich zu der Höhlenwand mit dem Bild von Saxon um. Es war das Beste, was ihm bisher gelungen war. Trotzdem bückte er sich, hob eine Handvoll Moos und Staub vom Boden auf und wischte das Bild aus. Dann sammelte er schnell alle Kreidestücke und Holzkohlestifte ein und versteckte sie zusammen mit der Schieferplatte unter dem Bärenfell.
Schließlich schickte er Ram in die äußerste Ecke der Höhle, wo der Wolfshund sich im Schutz der Dunkelheit hinlegte.
Leise kroch Tao zum Eingang und schaute hinaus. Er konnte niemanden sehen. Dennoch wurde das Geräusch rollender Steine immer lauter.
Der kleine Wolf winselte. »Ruhig, Ram«, wiederholte Tao. Er sah sich in der Höhle um. Wenn der Eindringling Volt oder einer der Jäger war, würde er keine Spur von Bildern oder Kreiden finden. Tao drückte sich eng an die feuchte Höhlenwand und umklammerte seinen Speer. Dann sah er eine Hand, die sich an der einen Seite des Eingangs vortastete, eine alte, knochige Hand voller Fal-

ten. Tao hörte einen tiefen, keuchenden Husten und atmete erleichtert auf. Es war Graubart. Einen Augenblick später betrat er die Höhle. Schwer atmend lehnte er sich gegen die Wand.
Ram schlich aus seiner Ecke heran und schnupperte an den Sandalen des alten Mannes.
»Ich freue mich, dich wiederzusehen«, sagte Tao. »Und ich freue mich besonders, daß du nicht einer der Jäger bist.«
Graubart lächelte. »Ich komme von oben«, sagte er mit heiserer Stimme. »Leider bin ich ein bißchen aus der Übung, was das Klettern angeht.« Er hustete. »Ich bin auf dem Weg zum Lager des Bergvolkes, und ich dachte, ich könnte vielleicht hier übernachten.«
»Ich habe genug zu essen und ausreichend Wasser«, entgegnete Tao, »und du bist mir immer willkommen.«
Er legte noch etwas Holz aufs Feuer, und kurz darauf spießten sie gemeinsam Lachsstücke auf lange Stöcke und garten sie über den Flammen. Auf die gleiche Weise brieten sie eine Ente, die Tao am Tag vorher erlegt hatte. Danach aßen sie getrocknete, zerriebene Pflaumen und tranken Birkentee aus großen Muschelschalen.
Als sie das Mahl beendet hatten, nahm Tao das Bärenfell hoch, unter dem die Schieferplatte und die Kreidestücke lagen. »Ich habe Saxon gesehen«, erklärte er, »und war gerade dabei, sein Bild zu malen, als du kamst.«
Graubart betrachtete die Skizze auf der Schieferplatte. »Dieses Bild ist gut«, sagte er. »Nun versuche noch einmal, danach zu zeichnen, und ich werde dir zusehen.«

Zögernd hob Tao ein Stück Kreide auf. Seine Hand zitterte. Bei dem Gedanken, vor den Augen des großen Schamanen zu malen, verließ ihn fast der Mut. Er zog die ersten Striche und arbeitete wieder nach der Vorlage auf der Schieferplatte. Kopf und Körper gelangen ihm gut, aber als er mit den Beinen anfing, wollte seine Hand ihm nicht gehorchen, und er fühlte, wie Wut in ihm aufstieg. Am liebsten hätte er die Kreide gegen die Wand geschleudert.

»Du mußt Geduld haben«, sagte Graubart. »Dein Auge und dein Kopf werden sich daran gewöhnen, eins zu werden. Aber das braucht Zeit.« Er nahm Tao die Kreide aus der Hand und legte sie auf den Boden. Dann hob er einen Holzkohlestift auf und fing an zu zeichnen.

Tao sah aufmerksam zu.

Als der alte Mann fertig war, wischte er die Zeichnung mit einer Handvoll Moos aus und reichte Tao die Holzkohle. »Versuch's noch einmal«, sagte er. »Die schwarze Kohle macht deutlichere Umrisse, und diesmal verlaß dich nicht auf dein Gedächtnis, sondern laß deine Hand den Linien der Skizze folgen.«

Tao begann von neuem. Strich für Strich entstand ein weiteres Bild des Stieres. Graubart sah ihm zu. Er nickte. »Genau«, sagte er, »so ist es richtig. Du lernst dazu. Übe, soviel du kannst, aber vergiß nie, die Bilder auszuwischen, wenn sie fertig sind.«

»Kannst du nicht öfter kommen und mir deine Kunst zeigen?« fragte Tao. »So lerne ich viel schneller.«

Aber der alte Mann schüttelte mißbilligend den Kopf. »Du verlangst zuviel, mein Junge. Ich kann dir nur noch einmal sagen: Du bist nicht zum Maler bestimmt. Ich habe schon viel mehr für dich getan, als ich darf.«
Tao merkte, daß er den Alten wieder einmal zornig gemacht hatte. Leise sagte er: »Ich dachte, du befolgst die Gesetze nicht um jeden Preis.«
Der alte Mann hatte ihn dennoch gehört. »Das mag wohl sein«, erwiderte er scharf. »Trotzdem muß auch ein Schamane den Gesetzen der Clans gehorchen und den Glauben der Menschen achten.« Er fuhr sich durch den Bart. »Ich habe dir erlaubt zu malen. Es sollte mir leid tun, wenn dir das nicht genug ist. Jetzt laß uns schlafen. Ich habe morgen einen langen Weg vor mir.«
Tao fühlte sich unbehaglich. Ohne es zu wollen, hatte er den Schamanen beleidigt.
Am nächsten Morgen machten sich Tao und Graubart gemeinsam auf den Weg durch das Tal, und die Herden grasender Antilopen und Pferde stoben bei ihrem Anblick davon. Sie wanderten den ganzen Vormittag. Als sie am Fluß angekommen waren, blieb der alte Mann stehen und sah Tao nachdenklich an. »Ich habe es mir überlegt«, sagte er. »Vielleicht ist aus dem Schamanen auf seine alten Tage ein Narr geworden, aber ich werde dir helfen.«
Tao wußte nicht, was er sagen sollte.
»Du hast richtig gehört«, sagte Graubart. »Ich werde zurückkommen und dir das Zeichnen und Malen beibringen. Ich zeige dir, wie man Farben mischt und Pinsel her-

stellt. Ich werde dir erklären, wo Feuersteine zu finden sind und wie man die Sterne deutet.«

Nun war Tao vollkommen verblüfft. »Du willst mir deine Zauberkunst beibringen?« fragte er ungläubig.

»Ja, das auch. Aber du darfst sie nur zu guten Zwecken nutzen, niemals mit böser Absicht.«

Tao nickte. »Nur, um Gutes zu tun«, wiederholte er.

»Dann werde ich dich also in meine Künste einweihen. Aber ich kann dir nicht versprechen, daß du jemals zu den Eingeweihten gehören wirst.«

Am liebsten hätte Tao einen Luftsprung gemacht. Nie hätte er auch nur im entferntesten mit soviel Glück gerechnet.

»Wir müssen das alles natürlich geheimhalten«, fuhr Graubart fort. »Ich werde uns einen versteckten Ort suchen. Dahin kannst du dann mit Ram kommen.«

»Wann?« fragte Tao. »Wo wird das sein?«

Der alte Mann schüttelte den Kopf und sah Tao stirnrunzelnd an. »Du darfst nicht so drängen. Hab Geduld. Wenn ich soweit bin, lasse ich es dich wissen.«

»Aber wie finde ich dich?«

»Durch Zauber«, erwiderte Graubart, und seine Augen blitzten.

Tao wollte den alten Mann nicht noch einmal in Wut bringen. Aber er wollte auch nicht den wichtigsten Moment seines Lebens verpassen. »Und werde ich den Zauber erkennen?«

Graubart lächelte. »Wenn die Zeit gekommen ist, wirst du Bescheid wissen.«

»Aber...?«
Der alte Mann hob abwehrend die Hand. »Keine Fragen jetzt. Ich habe einen langen Weg vor mir, stromabwärts, bis der Fluß seichter wird, und dann hinüber zum anderen Ufer. Dorthin kannst du mir nicht folgen.«
Graubart ging davon, gebeugt und von Husten geschüttelt, und Tao sah ihm nach, bis er hinter den Bäumen verschwunden war. Dann kniete er sich hin und streichelte den kleinen Wolf. »Stell dir vor, Ram«, jubelte er, »bald werde ich ein richtiger Bildermacher sein!«

10. Kapitel

Ein Vollmond ging vorüber, ein zweiter kam, und dann war es schon fast Sommer.
Wann immer Tao seine Höhle verließ, um mit Ram auf die Jagd zu gehen, blickte er vorher hinaus auf das Tal. Er mußte sichergehen, daß weder Volt oder Garth noch einer der anderen Jäger unterwegs war. Auch jetzt sah er über die sattgrüne Graslandschaft, die hell und warm in der Morgensonne leuchtete. Schmutzigbraune Hänflinge flogen in kleinen Scharen lautstark zwitschernd über die Wiesen, ließen sich ab und zu nieder, um Futter zu suchen, und stiegen dann wie eine braune Wolke wieder zum Himmel auf.
Hier und da zogen Pferde und Antilopen grasend durch das Tal. Aber Menschen konnte Tao an diesem Morgen nirgends entdecken. Kein Jäger war unterwegs, alles schien still und friedlich.
Dann glaubte Tao plötzlich, in weiter Ferne eine Bewegung wahrzunehmen. Er strengte seine Augen an und versuchte zu erkennen, was es war, aber er sah nur eine lange Reihe großer brauner Körper, die sich langsam näherten. Sie waren wohl am Fluß entlang aus dem Tiefland

herangezogen und wälzten sich nun schwerfällig in die Ebene hinein.

Tao wußte gleich, daß es eine riesige Herde sein mußte. Zeitweise waren die Tiere von einer großen Staubwolke eingehüllt, die sich mit ihnen vorwärts zu bewegen schien. Dann sah man wieder, wie sich ein langer brauner Wurm durch das Tal wand. Noch waren sie weit entfernt, kamen aber allmählich näher.

Tao schirmte seine Augen mit der Hand gegen die Sonne ab. Wieder spähte er in die Richtung, aus der die Herde heranzog. Dann stockte ihm fast der Atem, und er machte einen Freudensprung. »Sie sind wieder da, Ram«, rief er aufgeregt. »Die wandernden Berge sind zurückgekehrt!«

Rasch ergriff er seinen Speer und machte sich, gefolgt von Ram, auf den Weg. Er stolperte und rutschte mehr die Felswand hinunter als er kletterte. Ohne anzuhalten, rannten die beiden über das Tal und durch das kniehohe Gras, so daß die Tiere um sie herum erschrocken das Weite suchten. Antilopen sprangen mit großen Sätzen davon, Pferde wieherten und galoppierten über die Steppe.

Schwer atmend warf sich Tao auf den morastigen Boden am Rande des Sumpfes, auch Ram war hechelnd stehengeblieben. Von hier würde der Wind ihren Geruch nicht zu den Mammuten hinübertragen, sie konnten sich im hohen Schilf verstecken und die Herde in aller Ruhe beobachten.

Nur wenig später stand Tao im seichten Wasser und

schaute schweigend zu, als die erste Gruppe der riesigen Tiere durch die Ebene stampfte. Er bog das Schilf auseinander, um besser sehen zu können, und hatte die Herde jetzt genau im Blick. Vor allem waren es Kühe, mit zahlreichen Jungtieren und Kälbern. Manche der älteren Tiere waren so groß wie die Birken, die in der Umgebung wuchsen. Ihre langen, geschwungenen Stoßzähne bogen sich nach innen und kreuzten sich an den Enden beinahe. Ein dicker, zottiger Pelz aus rotbraunen Haaren bedeckte ihre massigen Körper.

Die Kälber wanderten zu beiden Seiten der Herde, sprangen ab und zu neugierig ein Stück von den anderen Tieren weg und trotteten dann nach einer Weile wieder zurück. Über den Mammuten zogen mächtige schwarzgeflügelte Geier ihre Kreise.

Tao zählte an seinen Fingern ab: Drei Sommer waren vergangen, seit die wandernden Berge das letztemal durchs Tal gekommen waren. Nun kehrten sie zurück, und Tao war von ihrem Anblick vollkommen überwältigt. Von allen Tieren im Tal beobachtete er am liebsten die wandernden Berge, denn, so schien ihm, sie waren wie die Erde selbst: gewaltige, zerklüftete alte Riesen, die sich behäbig aus der Morgendämmerung schoben.

Langsam, in kleinen Gruppen, bewegten sich die Giganten vorwärts, rissen dabei dicke Grassoden aus dem Boden und knickten die Weiden und Birken um, damit sie besser an die saftigen Knospen und Zweige gelangen konnten.

Tao beobachtete die Mammute fasziniert. Nie zuvor

hatte er so viele auf einmal gesehen, und schon gar nicht aus solcher Nähe. Sie zogen so dicht an ihm vorbei, daß er das gurgelnde Knurren ihrer Mägen hören konnte. Er atmete den dumpfen Geruch ihres Fells ein und sah die Wolken von blauschwarzen Fliegen, die um ihre Köpfe summten.

Ram folgte den gemächlich dahintrottenden Tieren mit den Augen und knurrte leise. Da packte Tao ihn am Nakkenfell, und der kleine Wolf wand sich unter seinem Griff, zog und zerrte, bis ihm beinahe die Luft ausging. Tao fühlte, wie der Körper des Wolfshundes vor Aufregung zitterte. »Nein, Ram«, flüsterte er. »Sie sind viel zu groß. Du hättest keine Chance gegen diese Ungeheuer.«

Immer mehr Mammute kamen, und inzwischen schienen sie die ganze Ebene zu füllen. Plötzlich hörte Tao hinter sich Geräusche von krachendem Schilfrohr und spritzendem Wasser, von schweren Leibern, die durch den Morast trampelten. Er war nicht mehr im Windschatten der Mammute. Das hieß, er war nicht mehr in Sicherheit. Überall um ihn herum wimmelte es vor Beinen, so dick wie Baumstämme.

Auf einmal witterte die Leitkuh den Menschengeruch und trompetete Alarm. Lange, schlangenartige Rüssel schlugen in das Dickicht, auf der Suche nach der drohenden Gefahr. Eilig flüchteten die Kälber und Jungtiere in die Mitte der Herde.

Die Schreie, das Quieken und das dröhnende Trampeln erfüllten die gesamte Ebene.

Ram zog und zerrte, und bevor Tao ihn fester packen konnte, riß er sich los und schoß geradewegs in die aufgescheuchte Herde.

»Halt, Ram, komm zurück!« schrie Tao. Aber zu spät. Der kleine Wolf sprang bereits kläffend am nächsten Mammutbein hoch und schnappte nach der riesigen Säule.

Tao rief ihn wieder und wieder und versuchte verzweifelt, das Gebrüll der Mammutherde zu durchdringen. Aber seine Stimme ging im donnernden Getrampel und den wilden Schreien der gewaltigen Tiere unter. Hilflos mußte er zusehen, wie der kleine Wolf von einem wütenden Riesen zum nächsten rannte und aufgeregt nach ihren Beinen schnappte.

Mit erstaunlicher Geschicklichkeit wirbelten die schwerfälligen Tiere herum und schlugen mit ihren Rüsseln nach dem Quälgeist. Zwei- oder dreimal verschwand Ram in einem Gewirr von Beinen und Rüsseln, und Tao rechnete jeden Augenblick damit, daß der kleine Wolf hoch in die Luft geschleudert oder von einem Stoßzahn aufgespießt würde. Einmal wurde Ram tatsächlich von einem peitschenden Rüssel gestreift und in hohem Bogen in den Morast geworfen. Aber er war schnell. Wie der Blitz kam er wieder auf die Beine und setzte erneut zum Angriff an, schnappte, sprang und schlug Haken. Fast sah es aus, als spielte er mit den wütenden Riesen. Tao schaute starr vor Angst zu.

Im Sumpf herrschte jetzt ein Höllenlärm. Schilfrohr und Äste krachten, als die mächtigen Tiere sich ihren Weg durch das Dickicht bahnten. Die schrillen Trompetenstöße der Mammute dröhnten Tao in den Ohren, und ihre schweren Tritte waren direkt hinter ihm. Er wollte sich unbemerkt aus dem Sumpf zurückziehen. Aber das Schilf reichte hoch über seinen Kopf, und er konnte die tobenden Riesen, die überall um ihn herum mit ihren Rüsseln auf Bäume und Büsche einschlugen, nicht sehen. Dem Geräusch nach pflügten sie jetzt durch das Wasser und kamen immer näher heran. Tao blieb eine Zeitlang still stehen und hoffte, die Herde würde sich beruhigen und ihren ursprünglichen Weg durch das Tal fortsetzen. Aber der Aufruhr um ihn herum schien sich noch zu verstärken. Schritt für Schritt schlich er sich durchs Schilf, am Sumpf entlang. Die Mammute kamen näher. Taos Mut sank, als er feststellte, daß eine große Kuh ihm folgte, und er blieb stehen und rührte sich nicht vom Fleck. Gebannt lauschte er auf die schweren Schritte und das ängstliche Klopfen seines Herzens. Sie kommt, dachte er, und sie weiß, daß ich hier bin.

Es knackte und krachte im Schilf, und der sumpfige Boden gurgelte und platschte, als die Mammutkuh vor ihm auftauchte. Wie ein riesiger schwarzer Schatten stand sie vor ihm, Wasser tropfte aus ihrem zottigen rotbraunen Fell. Tao riß die Augen vor Schreck weit auf. Diese Mammutkuh war ja noch viel größer, als er befürchtet hatte. Ihr mächtiger Schädel hing drohend über seinem Kopf, die starken gebogenen Stoßzähne schimmerten im Sonnenlicht. Sie hob den Rüssel und stieß einen ohrenbetäubenden Wutschrei aus.

Tao zuckte zusammen, aber es gab keine Möglichkeit davonzurennen. Also ging er langsam rückwärts und bahnte sich einen Weg durch das Schilf. Die abgebrochenen Halme zerkratzten ihm die Arme. Eine Ewigkeit lang stand die rotbraune Riesin drohend über ihm, und ein tiefes, zorniges Knurren schien ganz tief aus ihrer Brust zu kommen.

Tao stolperte und fiel hintenüber. Schnell rappelte er sich auf. In diesem Moment griff die Mammutkuh an. Mit einem wilden Schrei stampfte sie heran, daß das Wasser nur so spritzte und ein Schwall von Schlamm und sumpfiger Brühe aufs Schilf klatschte.

Tao ließ seinen Speer fallen und riß die Arme hoch, um sein Gesicht zu schützen, als die zornbebende Angreiferin donnernd auf ihn zutrampelte. Ein langer Rüssel schoß nach vorn, legte sich um seine Hüften. Dann wurde er hoch in die Luft geschleudert und landete krachend im Sumpf.

Der heftige Aufprall hatte Tao den Atem genommen. Einen Moment lang lag er still im Schlamm und rang nach Luft. Alles tat ihm weh, seine Arme und Beine waren zerkratzt und bluteten. Langsam rollte er sich auf den Rücken, das morastige Wasser tropfte ihm von den Schultern. Als er sich schließlich mühsam aufrichtete, bemerkte er entsetzt, daß die Mammutkuh immer noch ganz nah war. Ihre Beine sahen wie behaarte Eichenstämme aus. Eben hatte sie einen ihrer riesigen Füße gehoben, der einen Augenblick über Taos Kopf hing und sich dann langsam auf ihn heruntersenkte.

Blitzartig rollte Tao aus dem Weg, bevor der Fuß mit einem heftigen Aufspritzen neben ihm im Wasser landete. Die Kuh schnaubte wütend und holte sofort zu einem zweiten Tritt aus.

Doch plötzlich schoß etwas Graues pfeilschnell aus dem Schilf: Ram, der sich auf Taos übermächtige Gegnerin stürzte. Er schnappte nach ihr, flitzte zwischen ihren Füßen hin und her und lenkte ihre Aufmerksamkeit von Tao ab. Gereizt fuhr die Mammutkuh herum und schlug mit dem Rüssel nach ihm, aber Ram wich ihren Hieben geschickt aus.

Einen Moment lang lag Tao still, steif vor Angst. Langsam rappelte er sich auf und tastete mit den Händen nach seinem Speer. Da drehte sich die Mammutkuh wieder zu ihm um. Mit dröhnendem Trompetenstoß setzte sie erneut zum Angriff an.

Jäh hielt sie inne, denn ihr Kalb, das hinter ihr hergetrottet war, stieß einen ängstlichen Laut aus. Ram hatte es erschreckt, und es lief panisch davon. Sofort ließ die Mammutkuh von Tao ab und folgte ihrem Kalb durch das krachende Schilfrohr.

Erschöpft und über und über mit Schlamm bedeckt, stand Tao im Schilf und lauschte. Er wagte nicht, sich zu bewegen, und wartete ab, bis das donnernde Trampeln der Herde sich in der Ferne verloren hatte. Als er sicher sein konnte, daß keine Gefahr mehr drohte, wusch er sich den Matsch von Armen und Beinen, die immer noch aus tiefen Schnitten bluteten. Alles tat ihm weh, und mühselig humpelte er aus dem Sumpfgebiet. In der Ferne konnte er jetzt eine riesige Staubwolke ausmachen, das Zeichen dafür, daß die Mammutherde wieder zusammengefunden hatte und ihren Weg fortsetzte.

Mit klopfendem Herzen folgte Tao den Spuren der Herde. Hoffentlich würde er Ram nicht irgendwo zertrampelt auf der Erde finden. Doch er war noch nicht weit gekommen, als er den Wolfshund durchs Gras auf sich zutrotten sah, hechelnd, mit heraushängender Zunge. Er war naß, und in seinem Fell hingen große Erdklumpen. Tao streichelte den kleinen Wolf und grub sein Gesicht ins feuchte Fell. »Du bist sehr mutig, Ram, aber nicht besonders klug. Mammute sind nicht wie Kaninchen. Sie sind gefährlich.«

Rams Augen glänzten, er war nach seiner wilden Jagd völlig erschöpft.

»Diesmal habe ich Glück gehabt«, sagte Tao. »Du hast mir das Leben gerettet. Nie wieder werde ich zulassen, daß du die wandernden Berge jagst.«

11. Kapitel

Taos Wunden und blaue Flecken waren zwar schmerzhaft, aber er hatte keine ernsten Verletzungen davongetragen. Kala legte Wegerichblätter auf die Abschürfungen, machte ihm einen Umschlag aus Erdäpfeln, und zur Aufmunterung schenkte sie Tao einen Beutel voll Kastanien.

Tao lächelte. »Es ist schon ziemlich lange her, daß ich das letzte Mal Kastanien gegessen habe.«

Kala sah ihn vorwurfsvoll an. »Wenn du dir weiterhin in den Kopf setzt, Jagd auf Mammute zu machen, wirst du wahrscheinlich nicht lange genug leben, um diesen Beutel leer zu essen.«

Nun war der Sommer endlich da, und Sonnenschein durchflutete das Tal. Tao sah zu, wie die Adler in den lauen Aufwinden kreisten, während ihre scharfen Augen den Boden nach Kaninchen und Murmeltieren absuchten. Die Antilopen teilten sich das Tal inzwischen mit Herden kleiner, zottiger Pferde und mit Tarpanen, die nicht viel größer als Wolfshunde waren.

Eines Nachmittags, als Tao mit Ram aus dem Sumpf zu-

rückkehrte, bemerkte er über dem Berg einen Regenbogen. Wie Wolken, die an der Sonne vorbeizogen, glitten die Farbstreifen über die helle Felswand: erst Gelb, dann verschiedene Blautöne und ganz am Rand Violett.
Auf einmal sah Tao ein weißes Licht oberhalb der Kreidefelsen aufblitzen. Einen Augenblick lang tanzte und flackerte es im Sonnenlicht. Tao schüttelte verwundert den Kopf. Er konnte sich nicht erklären, was das war. Gleich darauf erschien es wieder, funkelte und glitzerte wie ein Stern und hüpfte vor und zurück, als wolle es ihm winken.
Tao ging auf den Berg zu. Irgendwo hatte er dieses Licht schon einmal gesehen, aber ihm fiel nicht ein, wo. Als er am Fuß der Felswand angelangt war, blieb er stehen und beobachtete, wie der Lichtfleck hin und her schoß. Plötzlich wußte er es wieder: Es war Graubarts Funkelstein, der das Sonnenlicht einfing und widerspiegelte.
Ganz aufgeregt vor Freude rannte Tao los. »Komm, Ram«, rief er und deutete die Felswand hinauf. »Es ist Graubart. Er zaubert mit dem Licht!«
Auf halber Höhe des Hangs machte Tao in seiner Höhle halt. Dort schnallte er sich seinen Speer mit einem Lederriemen über die Schulter, holte den Sack mit Kastanien aus der Ecke und befestigte ihn an seinem Gürtel. Dann setzte er den Weg nach oben fort, Ram dicht auf den Fersen. Sie kletterten einen schmalen, gewundenen Pfad hinauf und suchten Halt zwischen Geröll und Felsbrokken.
Bald wurde der Anstieg steiler. Tao hielt sich an den ver-

krüppelten Pinien fest, die aus den Felsspalten wuchsen. Er hangelte sich von Felsvorsprung zu Felsvorsprung und suchte nach Ritzen und Überhängen, um sich daran hochzuziehen.

Ram war ein geschickter Kletterer, aber manchmal rutschten seine Pfoten ab, dann half Tao ihm um die gefährlich glatten Stellen herum. Zweimal mußte er Ram am Nackenfell auf den nächsten Felsvorsprung hochziehen. Mehrmals hielten sie an, um etwas auszuruhen, doch Stück für Stück arbeiteten sie sich die steilen Felsen hinauf.

Als sie ihrem Ziel näher kamen, entdeckte Tao Graubarts faltiges Gesicht. Über den Rand der Felsen sah der Schamane zu ihnen herunter, und Tao fragte sich, wie der alte Mann diesen schwierigen Aufstieg hatte schaffen können.

Außer Atem schob Tao schließlich Ram über den Rand der Felsen und stemmte sich dann selbst mit beiden Armen hinauf. Graubart streckte seine knochige Hand aus und half Tao auf die Füße. Er schmunzelte anerkennend. »Du hast das Licht von weitem gesehen und gewußt, daß es der Funkelstein ist?«

»Ja«, sagte Tao und sah dem alten Mann in die Augen. »Dein Zauber ist wirklich gut. Aber es ist nicht einfach, hier raufzuklettern.«

»Genau deshalb habe ich diesen Ort ausgesucht«, erwiderte Graubart. »Es gibt noch einen anderen Weg hierher. Ich zeige ihn dir später.« Er führte Tao zu einem Gebüsch und hob dort einige Pinienzweige auf, die nun eine schmale Öffnung im Felsen freigaben. »Es ist gut versteckt«, sagte der Alte. »Niemand wird uns hier finden.«

Sie schlüpften durch die Felsspalte in eine Höhle. Im schwachen Licht der Sonnenstrahlen konnte Tao eine gewölbte Decke und hohe, kahle Wände erkennen. Auf dem Boden lagen Holzkohlestücke und Brocken getrockneter Lehmkreide. Tao bekam vor Aufregung Bauchschmerzen. Solange er denken konnte, hatte er davon geträumt, ein Bildermacher zu werden. Vom Schamanen selbst unterrichtet zu werden, übertraf seine kühnsten Hoffnungen. »Meine Hände und meine Augen sind bereit anzufangen«, sagte er.

»Wir sollten nichts überstürzen, mein Junge.« Der alte Mann beugte sich vor, um einen Hustenanfall zu unterdrücken. Dann fuhr er fort: »Du wirst ein besserer Schüler sein, wenn wir etwas gegessen haben.«

Tao zwang sich zu einem dankbaren Lächeln. Essen war so ungefähr das letzte, was er jetzt gern wollte. Aber er mochte den alten Mann nicht drängen. Deshalb löste er den Beutel mit Kastanien von seinem Gürtel und reichte ihn Graubart. »Kala hat sie mir gegeben«, erklärte er. »Ich hab sie für dich aufgespart.«

Graubart öffnete den Beutel und schaute hinein. Er nahm eine der glänzenden rotbraunen Kastanien heraus, hielt sie ins Licht und lächelte. »Kastanien sind seltene Früchte«, sagte er. »Ich freue mich darauf, sie wieder einmal zu probieren.«

Tao setzte sich auf den Boden der Höhle und nahm sich

ein Stück von der gebratenen Antilopenkeule, die Graubart mitgebracht hatte. Über dem Feuer rösteten sie dann die Kastanien, knackten sie zwischen zwei Steinen auf und aßen genüßlich. Ram nagte den Knochen der Antilopenkeule ab, rollte sich dann in einer Ecke zusammen und schlief ein.

Durch den Eingang der Höhle drang helles Sonnenlicht, das sich auf die aschgrauen Wände legte. Graubart erhob sich und streckte die dünnen Arme über dem Kopf. Dann sah er zu Tao hinunter. »Jetzt ist es Zeit anzufangen.«

Der Alte griff nach seinem Hirschlederbeutel und holte eine Schieferplatte heraus. »Als wir uns das letzte Mal trafen, habe ich dir gezeigt, wie man einen Wisent zeichnet. Heute sollst du etwas Schwierigeres versuchen.« Er reichte Tao die Platte.

Tao betrachtete die eingeritzte Figur, ein Rentier mit langen, schlanken Beinen und einem großen, verzweigten Geweih. Das würde nicht leicht sein. Er nahm eine der Kreiden und trat vor die Wand. Mit der Hand strich er über die Oberfläche und fühlte, wie eben und glatt sie war. Dann hob er die andere Hand und zeichnete mit den ersten schwungvollen Strichen Schulter und Rücken des Rentiers.

Der alte Mann unterbrach ihn sofort. »So ist es nicht richtig. Ich habe dir doch gesagt, du sollst die Umrisse immer mit Kohle zeichnen. Schwarz ist dafür besser. Und fang mit den Umrissen von Kopf und Leib an.«

Tao hätte sich ohrfeigen können. In seiner Aufregung

hatte er die erste Lektion, die Graubart ihm erteilt hatte, einfach vergessen. Er hob ein Holzkohlestück auf und fing von vorn an.

Der alte Schamane sah ihm eine Weile zu, dann legte er seine Hand auf Taos und unterbrach ihn wieder. »Nein«, sagte er scharf. »Du zeichnest mit kurzen, abgehackten Strichen. Laß deine Hand frei über die Wand gleiten. Du hast Platz genug, nutze ihn aus.«

Als er Graubarts Anweisungen folgte, stellte Tao fest, daß ihm das Zeichnen so weniger Mühe machte. Er lächelte zufrieden. Nur ein paar Worte des alten Bildermachers, und schon gelang alles viel besser.

Graubart nickte. »Nicht schlecht, mein Junge. Es wird seine Zeit brauchen, aber du lernst allmählich.«

Tao zeichnete die Umrisse von zwei weiteren Rentieren, bevor sein Lehrmeister ihn wieder unterbrach. »Jetzt werde ich dir etwas anderes zeigen«, sagte Graubart und nahm eine weitere Schieferplatte aus seinem Beutel, die er Tao reichte. Sie zeigte ein Wollnashorn. Dann strich er mit seinen langen Fingern über die Wand. »Paß auf«, sagte er. »Wenn du das Nashorn zeichnest, benutze diese Erhebung im Stein als höchsten Punkt des Rückens. Diese Höhlung darunter liegt dann an der Stelle, wo Kopf und Schulter aneinanderstoßen.«

Tao folgte Graubarts Anweisung und zeichnete die Umrisse eines großen Nashorns. Als er fertig war, trat er einen Schritt zurück. »Schau nur«, sagte er erstaunt, »es wird lebendig!«

Graubart nahm den Kohlestift. »Wenn du eine Herde

von Tieren malen willst, beginnst du mit dem Umriß des ersten und zeichnest dann nacheinander eine Reihe von Köpfen und Beinen.« Graubart skizzierte einen Wisent und setzte dann eine Folge von Köpfen und Beinen dahinter.

Wieder staunte Tao. Mit ein paar schnellen Strichen hatte der Schamane eine ganze Herde Wisente auf die Wand geworfen. Fast konnte er ihre blitzenden Augen sehen und das Trampeln ihrer Hufe hören. »Es ist wirklich Zauberei«, sagte er. »Jetzt versuche ich es mal.«

Der alte Mann schüttelte den Kopf. Er ging in der Höhle auf und ab und streckte sich. »Das reicht für heute. Morgen muß ich zum Lager des Seevolks gehen. Wenn ich wiederkomme, zeige ich dir, wie man malt und Farben mischt. Dafür brauchen wir Fischöl, Talg und Blut, ein paar Eier und Honig.«

Am nächsten Morgen führte der Schamane Tao über den Berg in Richtung Westen, bis sie zu einem schmalen Pfad kamen. »Dieser Weg ist nicht so steil«, erklärte er, »man klettert viel einfacher hinauf und hinunter.«

Dann gingen sie durchs Tal, bis sie zum Fluß gelangten. Hier mußten sie sich trennen. »Danke, Graubart«, sagte Tao. »Ich werde hart arbeiten, damit der Wisent auf der Felswand lebendig wird. Dann werde ich vielleicht eines Tages so gut sein wie du.«

Der alte Mann lächelte und strich sich den Bart. »Vielleicht besser«, sagte er.

»Niemand könnte besser sein als du. Aber ich werde es versuchen.«

Der Alte machte sich von Husten geschüttelt auf den Weg. Tao rief ihm nach: »Kommst du bald zurück?«

»Sei nicht so ungeduldig«, entgegnete Graubart. Aber Tao sah das Lächeln auf seinem Gesicht. »Du hast genug zu tun, während ich unterwegs bin.«

In den folgenden Tagen übte Tao, so oft er konnte, was er gelernt hatte. Zwischendurch jagte er und sammelte, was für die nächste Lektion gebraucht wurde. Im ausgetrockneten Flußbett suchte er nach schalenförmigen Steinen, in denen man Farbe anrühren konnte. Er grub nach Lehm am Bachufer und wickelte ihn in frische grüne Blätter, damit er weich und feucht blieb.

Im Sumpf fing er zwei fette Karpfen, die er in seiner Höhle über dem Feuer briet und dabei das Fett herauspreßte. Kala gab ihm eine große Muschel, drei Enteneier und einen ausgehöhlten Schakalschädel, in den sie Honig gefüllt hatte. Als Tao alles vorbereitet hatte, brachte er die Sachen in Graubarts Versteck, die Heimliche Höhle, oben in der Felswand.

Nun fehlten noch Talg und Blut. Eines Tages stöberte Ram in der Nähe des Moores einen Eber auf und verfolgte ihn bis zum Fichtenhain, dort stellte er ihn in einem Dickicht. Der Eber war bereit, wild um sein Leben zu kämpfen, grunzte wütend und senkte bedrohlich den Kopf. Tao hatte sich herangepirscht und warf seinen Speer mit aller Kraft. Der Eber quiekte, bäumte sich auf. Dann lag er still.

Nachdem Tao das Tier gehäutet, einen großen Teil des Fetts zusammengekratzt und Blut in einem hohlen

Knochen aufgefangen hatte, schnitt er den Kopf ab und zerlegte den Eber, so gut er konnte. Er bündelte, was er brauchte, im abgezogenen Fell und trug das Ganze zur Heimlichen Höhle. Dort ließ er das Blut und Fett zurück, um es später für die Farben zu benutzen. Aber das Fleisch und alles andere schleppte er nach und nach zu Kala und den anderen im Lager.

Die Frauen spießten das Fleisch stückweise auf und rösteten es über dem Feuer. Bald zog der Duft von gebratenem Schwein durch das kleine Lager, und der ganze Clan freute sich, denn solche Leckerbissen gab es nicht oft.

Sogar Volt wirkte nicht mehr so grimmig. Er gab Tao die Hauer des Ebers, damit er sie sich an einer Kette um den Hals hängen konnte, als Glücksbringer und Zeichen seiner Geschicklichkeit beim Jagen.

Tao war glücklich, daß es ihm endlich einmal gelungen war, Volt und Garth zufriedenzustellen. Er hätte Volt gern von Ram erzählt und davon, was für ein guter Jäger der Wolfshund war. Aber er wußte, der Anführer würde das nicht verstehen, und so schwieg er. Dennoch wünschte Tao, Ram würde eines Tages Gelegenheit bekommen, vor aller Augen zu beweisen, was er konnte. Dann würde auch Volt merken, daß der Wolfshund kein Dämon war.

12. Kapitel

Diesmal konnte Tao Graubarts Rückkehr kaum erwarten. Viel Zeit verbrachte er in der Heimlichen Höhle und malte Mammute, Wisente und Nashörner. Jeden Abend setzte er sich auf den Abhang, blickte über das Tal und hielt Ausschau nach seinem Lehrer. Als die Tage vergingen und der alte Mann immer noch nicht kam, wurde Tao ungeduldig. Wo steckt Graubart nur so lange? fragte er sich. Er hat bisher immer Wort gehalten. Vielleicht ist irgend etwas passiert. Tao überlegte, ob er sich auf die Suche nach dem Alten machen sollte, aber dann gab er den Gedanken auf. Er wußte, es war gefährlich, den Fluß zu überqueren und das Gebiet anderer Clans zu betreten.

Taos Besorgnis wuchs mit jedem Tag, den er vergeblich wartete. Aber eines Morgens dann, bei der Jagd im Sumpf, knurrte der Wolfshund plötzlich drohend. Tao schaute auf und sah Graubart in der Mitte einer Lichtung stehen, als ob er aus dem Nichts aufgetaucht wäre. In der Hand hielt er seinen Speer mit der Feuersteinspitze, und auf seinem Rücken war der Schulterknochen eines Pferdes festgeschnallt.

Tao rannte zu ihm. »Ich bin so froh, dich zu sehen, Graubart. Du warst lange fort.«
Graubart nickte. »Mein Weg führt mich weit herum, und ich laufe nicht mehr so schnell wie früher.« Der alte Mann hustete und fuhr sich mit zittriger Hand über die Stirn.
Tao erschrak, als er das müde Gesicht des Alten sah. Er machte sich Sorgen, aber das durfte er sich nicht anmerken lassen, es hätte den Schamanen kränken können. »Die Höhle ist hergerichtet«, sagte Tao. »Aber zuerst mußt du etwas essen und dich ausruhen.« Er holte seinen Vorrat an getrocknetem Fleisch und Dörrfisch aus seinem Lederbeutel, und gegen den Stamm einer Eiche gelehnt, nahmen sie gemeinsam ihre Mahlzeit ein. Tao war nicht sicher, ob der alte Mann sich noch an sein Versprechen erinnerte.
Nach dem Essen machten sie sich auf den Weg durch das Tal. Graubart hielt oft an und stocherte mit seinem Speer im Flußbett und in den Sandbänken herum. Schließlich fand er, was er suchte: Mit einem abgebrochenen Ast grub er eine Handvoll roter Erde aus dem Boden.
»Hier«, sagte er, während er die Erde in einen kleinen Lederbeutel füllte. »Das ergibt ausgezeichnete rote Farbe. Nun müssen wir noch etwas Weiß und etwas Gelb finden.«
»Gelbe Kreide hab ich ja schon«, sagte Tao.
»Stimmt.« Der alte Mann nickte. »Wir werden etwas Kalkstaub am Fuß der Felsen zusammenscharren. Damit rührt man die hellen Farben an.«

Als sie genug rote, weiße und gelbe Erde gesammelt hatten, kletterten sie auf dem Weg, den Graubart Tao gezeigt hatte, zur Heimlichen Höhle hinauf. Die Sonne stand hoch, und als sie die Abdeckung vom Eingang entfernten, strömte Licht in das Gewölbe.

Nach kurzer Rast setzte sich Graubart auf den Boden, Tao hockte sich neben ihn. Der alte Mann streute etwas von der roten Erde in einen der ausgehöhlten Steine, die Tao gesammelt hatte. Mit einem glatten, runden Stein begann er, den groben Sand zu feinem Pulver zu zermahlen, fügte noch ein wenig von Taos Fischöl hinzu und rührte das Ganze zu einer dunkelroten Farbpaste zusammen, die er tropfenweise auf drei andere schalenförmige Steine verteilte. Die erste Portion mischte er mit einem Stückchen gelben Lehms, in die zweite streute er Kalksteinpuder und in die dritte Holzkohlestaub. Nacheinander verrührte er die Mischungen mit sauberen Hölzern. Schließlich hatte er drei weitere Farben gemischt: ein helles Orange, ein lachsfarbenes Rosa und ein dunkles Braun.

Tao sah ihm dabei wie gebannt zu. Auch dies hier ist Zauberei, dachte er. Graubart nahm sich weitere Steinnäpfe und mischte verschiedene Gelb- und Brauntöne und Schwarz. Manche Farben rührte er mit Honig an, für andere verwendete er Talg und Blut des Ebers, den Tao erlegt hatte.

»Nun müssen wir noch Pinsel machen«, sagte der alte Mann schließlich. Er nahm eine Handvoll Zweige aus seiner Tasche und klopfte die Enden mit einem Stein so lange, bis sie weich und faserig waren. Dann hielt er einen Zweig hoch, betrachtete ihn im Sonnenlicht, das durch den Höhleneingang flutete, und reichte ihn Tao. »Dies sind kleine Pinsel«, erklärte er. »Mit denen malt man Augen und die feinen Linien an Mähne und Fell.«

Aus Borsten des Ebers, Federn und Fasern von Pflanzenstengeln, die er an Stöcken befestigte, machte Graubart große Pinsel.

Als endlich alles Gerät bereit war, erhob sich der alte Mann vom Boden. »Jetzt können wir anfangen«, sagte er, reichte Tao den Pferdeknochen, den er mitgebracht hatte, und goß einige Tropfen von jeder Farbe auf die weiße Fläche. Dann gab er Tao einen der großen Pinsel und deutete auf die Zeichnungen von Nashörnern, Wisenten und Mammuten an der Höhlenwand.

Tao wagte vor Aufregung kaum zu atmen. Er hatte noch nie einen Pinsel in der Hand gehalten. »Welches soll ich bemalen?«

Graubart lächelte. »Du bist der Bildermacher. Such dir selbst aus, welches dir am besten gefällt.«

»Der wandernde Berg«, sagte Tao.

Graubart nickte. »Dann fang an.«

Tao zögerte und betrachtete unsicher die Farben auf dem Pferdeknochen.

»Du hast die Mammute ja gesehen«, sagte Graubart. »Welche Farbe hatten sie?«

»Rotbraun.«

»Gut«, sagte der alte Mann. »Dann mische ein wenig Schwarz mit Rot, bis du den richtigen Farbton erhältst.«

Tao tauchte den Pinsel in einen Klecks schwarzer Farbe und mischte sie auf dem Knochen mit Rot. Langsam hob er die Hand und berührte die Zeichnung des Mammuts mit dem Pinsel. Der Farbtupfer auf der grauen Wand war etwas zu hell, deshalb mischte Tao noch ein wenig Schwarz dazu. Wieder berührte der Pinsel den Stein. Tao lächelte. Diesmal war es ein tiefes Rotbraun, genau der Ton, den er sich vorgestellt hatte. Tupfer für Tupfer setzte er Farbe in die Umrisse, die er mit Kohle gezeichnet hatte.
Graubart sah zu, wie Tao den Pinsel zwischen Pferdeknochen und Wand hin- und herbewegte. Er legte seine Hand auf Taos Arm und unterbrach ihn. »Du malst nicht auf einer Muschel oder einem Geweih«, sagte er. »Du malst auf einer Wand. Mach keine Tupfer, sondern schwinge den Pinsel mit Kraft über die ganze Fläche.«
Graubart nahm Tao den Pinsel aus der Hand und malte in großen Schwüngen die Umrisse aus.
Tao bemerkte, wie das Gesicht des Alten aufleuchtete, während er arbeitete. Gespannt verfolgte er, wie das Bild unter den Händen des Schamanen immer mehr Leben bekam.
»Du brauchst nicht ängstlich zu sein«, sagte Graubart, seine Augen glänzten. »Was dir nicht gefällt, kannst du immer wieder ändern.«
Der Schamane gab Tao den Pinsel zurück, und der Junge begann von neuem. Diesmal machte er lange Striche und schwang den Pinsel über die ganze Wand. Er mischte grau und gelb für den helleren Bereich um Brust und

Bauch. Auf Schulter und Rücken setzte er schwarze Striche als Schatten, und das Fell sah plötzlich zottig aus. Als er die Augen und die geschwungenen Stoßzähne gemalt hatte, wirkte das Mammut so lebendig, als wollte es im nächsten Augenblick von der Wand springen.

Als das Bild fertig war, schlug Graubart die Enteneier auf, trennte die Dotter vom Eiweiß und stellte sie beiseite. Das Eiweiß sammelte er in einer sauberen Muschelschale, verrührte es mit einem Zweig und reichte Tao das Gefäß.

Der Junge sah ihn erstaunt an. »Was soll ich damit machen?«

»Streich das über dein Bild, und du wirst sehen, wozu es gut ist.«

Mit einem Federpinsel verteilte Tao das Eiweiß auf dem Bild. Plötzlich leuchtete das Mammut in viel kräftigeren Farben. Tao war begeistert. Sein erstes eigenes Bild! Er strahlte. Nie zuvor hatte er sich so glücklich gefühlt.

Am nächsten Morgen brach Graubart wieder auf, um an einem anderen Ort seine Zauberkräfte anzuwenden und die Geister zu beschwören. Er blieb oft lange fort, aber kam doch irgendwann zurück zur Heimlichen Höhle, um Tao mehr von seiner Kunst zu lehren. Der alte Mann erklärte ihm, wie man auf den Bildern Licht und Schatten setzte und wo die rote und gelbe Erde für die Farben zu finden war. Manchmal saßen sie auch zusammen auf dem Berg und schauten in den Nachthimmel. Graubart zeigte Tao die Sterne und weihte ihn in die Geheimnisse ein, die sein Vater einst an ihn weitergegeben hatte. Der alte

Schamane hatte ihm auch gezeigt, wie man Feuer machte und wo er nach Heilkräutern suchen mußte.

Das letzte Mal, als Graubart fortgegangen war, hatten Tao und Ram ihn durch das Tal begleitet. Als sie am Fluß angelangt waren, hatte sich der alte Mann dem Jungen zugewandt: »Deine Bilder sehen nun aus wie die wirklichen Tiere und beginnen zu leben. Vielleicht ist aus dir schon ein richtiger Höhlenmaler geworden.«

»Ich danke dir dafür«, erwiderte Tao. »Und für alles, was du mir beigebracht hast. Ich bin froh, daß du mein Lehrmeister bist.«

Der alte Mann lächelte. »Du weißt, was für schöne und wunderbare Dinge du mit einem Pinsel und etwas Farbe machen kannst. Das ist alles, was du wissen mußt. Nur das ist wirklich wichtig.«

Sie nahmen Abschied, und als der alte Mann davonging, hörte Tao seinen heiseren Husten, sah die matte, gebeugte Haltung des Schamanen, und plötzlich ergriff ihn eine unerklärliche Angst.

13. Kapitel

Eines Nachmittags hatten Tao und Ram in den Bergen oberhalb der Baumgrenze gejagt und ein paar Schneehühner erbeutet. Sie waren schon wieder auf dem Rückweg zur Höhle, als Tao plötzlich Volt und die anderen Jäger im Tal entdeckte, die sich durch den Fichtenhain an ein kleines Rotwildrudel heranpirschten, zwei Hirschkühe mit Kälbern und einigen Jungtieren.
Der Wolfshund wollte sofort angreifen, aber Tao hielt ihn zurück, blieb still stehen und sah zu, wie die Jäger das nichtsahnende Wild umzingelten.
Tao überlegte, ob er sich unbemerkt nähern könnte, damit Ram es schaffte, loszujagen und ein Tier zu reißen. Er wollte ihnen zeigen, was für ein guter Jäger der kleine Wolf war. Vorsichtig führte er Ram bis zum Rand des Fichtenhains, während die Jäger mit wurfbereiten Speeren lautlos durch den Wald schlichen.
Ohne die drohende Gefahr zu bemerken, ästen die Tiere friedlich auf einer Lichtung. Taos Herz klopfte laut, als die Jäger an die Beute herankrochen. Wenn er Ram zu früh losließ, würde er das Rudel aufstören und in die Flucht schlagen.

Er schlich leise weiter vor, um so nahe wie möglich an das Wild heranzukommen. Wenn Ram kein Tier fing, würde es ihm vielleicht gelingen, die Hirsche auf die Speere der wartenden Jäger zuzutreiben. Tao wußte, daß er den richtigen Augenblick abpassen mußte.

Der kleine Wolf war sprungbereit, Tao spürte die Anspannung in jedem Muskel seines Körpers. Zwischen den Bäumen grasten die Tiere immer noch friedlich. Die Jäger, geschmeidig wie Leoparden, schlossen nun den Kreis zum Angriff.

In diesem Augenblick bemerkte Tao eine Hirschkuh am Rande des Rudels. Sie war sehr groß und hatte glänzendes, kastanienbraunes Fell. Jetzt hob sie aufmerksam den Kopf und suchte mit ihren schwarzen Augen die Umgebung ab. Ein paar Sätze nur, dann hätte Ram sie erreicht, aber es war noch zu früh. »Warte«, flüsterte Tao.

Plötzlich zuckte die große Hirschkuh zusammen, ihr Kopf schoß hoch, sie witterte Gefahr. Wenn sie jetzt aufstampfte und so die anderen Tiere aufschreckte, würde das Rudel in Windeseile verschwinden. Mit einem Klaps stieß Tao den Wolf vorwärts. »Jetzt«, flüsterte er. »Lauf los!«

Der Wolfshund schoß aus dem Gebüsch geradewegs auf die Tiere zu und durchbrach den Kreis der Jäger.

Die Hirschkuh stampfte und fuhr mit einem blitzartigen Sprung herum. Für einen Augenblick schienen die Umrisse der beiden Tiere miteinander zu verschmelzen, und Tao war sicher, daß der Wolfshund seine Beute gerissen hatte. Aber dann sah er die große Hirschkuh über die

Lichtung fliehen. Rasch schlug Ram einen Haken, um sie noch abzufangen, aber zu spät. Die Hirschkuh hatte bereits ein gutes Stück Vorsprung.
Tao seufzte enttäuscht, als der Rest der Herde verstört den Kreis der Jäger durchbrach und floh. In seiner Aufregung hatte er Ram zu früh losgelassen. Nun hörte er, wie die Jäger knurrten und fluchten, während sie der entgangenen Jagdbeute nachschauten.
Tao war mulmig zumute, als er Ram auf sich zukommen sah. Mit einem Mal krachte es im Unterholz, und Garth sprang dem Wolf mit gezücktem Speer direkt in den Weg.
Ram duckte sich auf den Waldboden und sah den Anführer aus schmalen Augen an, die Nackenhaare gesträubt.
»Bote des Bösen!« brüllte Volt, der Garth gefolgt war. »Ich werde dir dein schwarzes Herz herausschneiden!«
Tao wußte, daß Volt und Garth ihn noch nicht entdeckt hatten, und einen schrecklichen Moment lang wartete er im Schatten der Bäume. Dann hob Volt den Arm und richtete seinen Speer direkt auf den am Boden kauernden Wolf. Aber da war Tao bereits losgesprungen und hatte den hölzernen Schaft der Waffe zu Boden gestoßen.
Volt blieb wie erstarrt stehen und sah erstaunt den kleinen Wolf und dann Tao an. Langsam begann er zu begreifen, und kalte Wut zeigte sich in seinem Gesicht. »Pah!« rief er und spuckte das Wort beinahe aus. »So also jagst du alleine. Du steckst mit dieser Bestie unter einer Decke!«

»Nein«, protestierte Tao. »Der Wolfshund ist nicht böse. Er ist kein Dämon. Außerdem ist er ein guter Jäger... er... er hat mir geholfen, den Leuten im Lager eine Menge zu essen zu bringen.«

Der Anführer starrte Tao zornig an und schüttelte den Kopf. »Nein«, fauchte er, »diese Bestie ist mit den Dämonen im Bunde, und du nennst sie deinen Freund.« Er rieb sich mit dem Handrücken über sein narbiges Gesicht. »Diese bösen Geister haben mich mein ganzes Leben lang verfolgt, und ich werde jeden Wolf umbringen, den ich sehe.«

Volt wandte sich an die anderen Jäger, die aus dem Unterholz herankamen. »Kommt, helft mir, diese Bestie zu töten und mich von dem Fluch zu befreien.«

Zögernd, als müßten sie ihren ganzen Mut zusammennehmen, gingen die Männer auf den sprungbereit geduckten Wolf zu.

Tao wußte, es hatte keinen Sinn, um Rams Leben zu flehen. Plötzlich rannte er los und rief: »Los, Ram, komm!«

Der Wolfshund schoß zwischen den Jägern hindurch hinter Tao her, in den Fichtenhain und hinunter in das offene Tal. Tao sah sich nicht um, aber er hörte die Rufe und Schreie der wütenden Männer, die ihm folgten.

Tao und Ram liefen, sprangen und krochen durch das Gras und schafften es knapp, ihren Verfolgern gerade ein paar Sprünge voraus zu bleiben. Büsche und Bäume ringsherum verschwammen vor Taos Augen zu einer einzigen grünen Masse, der Boden glitt schneller und schneller unter ihm hinweg. Ohne sich umzusehen, rannte er auf seinen Speer gestützt weiter in den Eichenwald hinein. Die Arme wurden ihm allmählich lahm. Wenn er nur anhalten und sich irgendwo verstecken könnte, um auszuruhen und wieder zu Atem zu kommen. Aber die Verfolger waren ihm dicht auf den Fersen und versuchten, ihm den Weg abzuschneiden.

Tao rannte weiter und erreichte schließlich den Fluß. Keuchend blieb er unter einer riesigen Weide stehen. Der Fluß war eine unsichtbare Mauer. Am anderen Ufer lag das Gebiet des Bergvolkes. Eine Weile ging er mit Ram am morastigen Ufer hin und her und überlegte.

Dann hörte er die Schreie der Jäger. Auf der anderen Seite des Flusses wäre der Wolfshund in Sicherheit, dorthin würden die Jäger ihm nicht folgen. Tao blickte auf Ram. »Du mußt über den Fluß schwimmen«, sagte er. »Bleib drüben, bis ich dich rufe.«

Ram winselte leise.

Tao deutete auf das andere Ufer. »Los«, sagte er und zog den Wolfshund zum Fluß. Ein- oder zweimal kehrte der kleine Wolf um, aber Tao schob ihn immer wieder ins Wasser. »Los jetzt«, sagte er scharf, »schwimm rüber.« Er warf ihm ein paar Steine und Stöcke nach und scheuchte Ram weiter in den Fluß hinein.

Schließlich begann der Wolf zu schwimmen. Tao beobachtete, wie sein Kopf sich im Wasser auf und ab bewegte, während die Strömung ihn flußabwärts trieb. Kurz darauf kroch Ram ans andere Ufer und schüttelte

das Wasser aus seinem Fell. Er sah sich um und verschwand dann zwischen den Bäumen.
Einen Augenblick später hörte Tao, wie die Jäger nicht weit von ihm durch das krachende Unterholz brachen.

14. Kapitel

Tao nahm Deckung hinter dem Stamm der großen Weide. Rasch sah er sich um. Weit und breit gab es kein anderes Versteck. Er war immer noch außer Atem und viel zu erschöpft, um noch einmal wegzulaufen. Ängstlich schaute er am Stamm der Weide hinauf in den dichten Baldachin aus dunkelgrünen Blättern.

Mit einem kräftigen Wurf schleuderte er seinen Speer in ein Dickicht und begann zu klettern. Der dicke Stamm war schräg gewachsen, und Tao zog sich mit Leichtigkeit daran hinauf. In der Krone streckte er sich auf einem dikken Ast aus wie ein Leopard. Durch das dichte Laub spähte er nach unten und wagte kaum zu atmen.

Da kamen die Jäger auch schon aus dem Wald. Sie versammelten sich ganz in der Nähe der Weide, berieten sich leise untereinander und deuteten dabei immer wieder auf den Fluß. Dann suchten sie den Boden um das Dorngestrüpp ab und folgten den Fußspuren am Flußufer.

Kurz darauf beobachtete Tao, wie Volt den Speer aus dem Dornbusch zog und ihn den Jägern zeigte. Tao hatte Angst. Mit Sicherheit ahnten die Männer, daß er nicht weit gekommen war.

Er sah, daß Garth zusammen mit Volt ans Flußufer ging. Die beiden sprachen miteinander, wateten durch das seichte Wasser und untersuchten die Spuren an der Uferböschung.
Schließlich kam der Anführer allein zurück unter die Weide, blieb stehen und sah sich um, während Garth und die übrigen Jäger weiter das Ufer absuchten. Er schaute langsam hoch ins Geäst des Weidenbaums. Tao hielt den Atem an. Er preßte sich an seinen Ast und fühlte, wie die rauhe Rinde ihm in Arme und Beine schnitt. Vorsichtig spähte er durch das Laub nach unten. Volt war immer noch da. Langsam, den Kopf in den Nacken gelegt, ging der Anführer des Clans um den Stamm herum und suchte mit den Augen die Zweige ab. Plötzlich blieb er stehen und sah Tao genau ins Gesicht. Ihre Blicke trafen sich. Tao war sicher, daß Volt ihn entdeckt hatte. Mit klopfendem Herzen krallte er seine Fingernägel in die Baumrinde.
Volt ging weiter, und Tao hätte vor Erleichterung fast laut aufgeatmet, als der Anführer schließlich zu den anderen zurückging. Noch einmal hielt er Taos Speer in die Höhe. »Die Dummköpfe sind über den Fluß geschwommen«, brüllte er.
Garth schnaubte verächtlich. »Das Bergvolk wird sie schon packen.«
Die Jäger murmelten zustimmend.
Volt hatte die Faust geballt. »Kommt«, sagte er, »laßt uns umkehren.«
Tao blieb noch eine Weile in seinem Versteck. Er war fest

davon überzeugt, daß Volt ihn gesehen hatte. Wahrscheinlich rief er die Jäger nur zurück, um ihn aus seinem Versteck zu locken. Tao wartete, bis es dunkel wurde. Dann erst kletterte er auf den Boden hinunter und schüttelte seine verkrampften Glieder, bevor er sich todmüde am Flußufer zusammenkauerte. Er dachte an Ram. Wenn die Jäger ihn in Ruhe ließen, würde er den kleinen Wolf in ein paar Tagen zurückrufen.

Am nächsten Morgen fischte Tao, immer noch erschöpft und sehr hungrig, in den Tümpeln und kleinen Strudeln am Fluß nach Elritzen. Er hatte erst ein paar gefangen, als vom anderen Ufer ein unheimliches, langgezogenes Heulen herüberdrang. Ein leises, klägliches Wuuu-huu-huu-huu tönte durch den Morgennebel. Noch einmal hallte der Ruf von den dunklen Wäldern am gegenüberliegenden Ufer wider, diesmal etwas lauter. Tao horchte verwundert, dann erstarrte er vor Schreck. Es war das Heulen eines Wolfes. Unruhig lief Tao am Wasser auf und ab. Er spähte hinüber zur anderen Seite, wo die Berge steil zum Fluß hin abfielen und Bärenklau und Fichten das Ufer säumten. Wieder hörte er das traurige Heulen. Nun zögerte er nicht länger, sondern zog seine Hirschlederstiefel aus, befestigte sie an seinem Gürtel und tauchte in den Fluß. Mit kräftigen Bewegungen paddelte er durch das eiskalte Wasser, während die starke Strömung ihn flußabwärts trieb. Als er endlich das andere Ufer erreicht hatte, griff er nach einem überhängenden Zweig und hangelte sich aus dem Wasser. Nach kurzer Rast streifte er sich die nassen Stie-

fel wieder über und suchte sich einen abgebrochenen Ast, den er als Krücke benutzte, während er am steilen Ufer entlanghumpelte.
Das Geheul schien von der anderen Seite der Hügel zu kommen. Tao lief durch einen Fichtenwald, hinkte über Steine und Wurzeln in die Richtung, aus der das Heulen herüberdrang. Verzweifelt kämpfte er sich durch das dichte Gestrüpp. Er konnte nur an Ram denken. Wenn ihm bloß nichts passiert war.
Dann entdeckte er frische Spuren, die den steilen Hang hinauf führten. Ein Zeichen dafür, daß hier noch vor kurzer Zeit Menschen gewesen sein mußten.
Tao kroch durch ein Bärenklaudickicht, schlängelte sich unter den Zweigen hindurch und stolperte über Ranken. Das Geheul kam jetzt aus unmittelbarer Nähe. Dann brach er durch ein Wacholdergestrüpp und war auf einer Lichtung. Da lag Ram, allein, seine Pfoten waren mit Lederriemen zusammengebunden und an einem Pfahl festgemacht. Sobald der Wolf Tao sah, winselte er kläglich und versuchte, sich zu befreien.
Tao spürte, wie eine ungeheure Wut in ihm hochstieg. Er rannte zu Ram und streichelte ihn beruhigend. »Halt still«, flüsterte er, zog seine Feuersteinklinge und machte sich daran, die Lederriemen durchzuschneiden. Da rief hinter ihm eine dröhnende Stimme: »Laß sofort den Wolf los!«
Erschrocken fuhr Tao herum und sah einen großen rotbärtigen Mann, der mit einem Bärenfell bekleidet war, aus dem Gebüsch kommen. Er musterte Tao feind-

selig und hielt seinen Speer direkt auf ihn gerichtet. Schritte und das Krachen von Zweigen waren zu hören, und einen Augenblick später traten neun weitere Jäger aus dem Gebüsch. Sie trugen Umhänge aus Schaffell, und jeder von ihnen war mit einem Speer bewaffnet. Tao sah den Zorn in ihren Augen. »Wer bist du?« fragte der rothaarige Anführer. Seine Sprache war nur wenig anders als Taos.

»Ich bin Tao vom Talvolk.«

Der Mann schnaubte wütend. Er hatte ihn verstanden. »Wir haben dich schon drüben am anderen Flußufer mit deinem Wolfshund beobachtet. Jetzt willst du auf unserem Gebiet jagen.«

»Nein«, erwiderte Tao. »Ich bin nur gekommen, um Ram zu holen. Ich will euer Wild nicht stehlen.«

Der Anführer schüttelte den Kopf und sah Tao grimmig an. »Der Wolfshund bleibt hier«, sagte er. »Er gehört jetzt uns.«

Tao umklammerte seine Steinklinge und machte einen Schritt vorwärts. Doch zwei Jäger packten ihn gleich an den Armen und hielten ihn fest. Die anderen banden Ram mit Weidenrinde das Maul zu und hoben ihn dann mitsamt dem Stock hoch, an den er immer noch gefesselt war. Der kleine Wolf sträubte sich nach Kräften, Schaum tropfte ihm aus dem Maul, während er versuchte, sich zu befreien.

Tao tat sein Bestes, um aus der Umklammerung der beiden Jäger loszukommen. Wieder fühlte er eine unbändige Wut, als er sah, wie die Jäger Ram in den Wald schleppten.

»Laßt den Wolf frei«, rief er. »Er hat euch nichts zuleide getan. Ich werde euer Land verlassen und niemals zurückkehren.«
Der Anführer schüttelte den Kopf. »Dann gebt mir den Wolf«, sagte Tao. »Ich werde mit ihm auf die Jagd gehen... hier... und euch eine Menge zu essen bringen.«
Der Rotbärtige blickte die Jäger an, einen nach dem anderen. Sie schüttelten die Köpfe. Aber einer von ihnen sagte: »Vielleicht ist es gar nicht so dumm, was der Junge vorschlägt. Es wird uns nützen, wieder mit einem Wolf zu jagen.«
Der Anführer schnaubte nur. »Kommt«, sagte er, »nehmt den Jungen mit. Wir werden den Schamanen danach fragen.«
Tao wandte sich schnell zu ihm herum. »Der Schamane ist bei euch?«
»Ja«, sagte der Anführer. »Er ruht sich in unserem Lager aus.«
»Graubart?«
Der Mann nickte und ging voran. »Er ist krank.«
Tao folgte den Jägern hinauf durch den Pinienwald zu ihrem Lager, einem Kreis von Fellhütten am Fuß einer steilen Felswand. Drei Frauen waren damit beschäftigt, einen Steinbock zu häuten, und neben einem Holzhaufen spielten ein paar Kinder mit Kieseln. Sie schauten neugierig auf, als Tao auf die Lichtung humpelte.
Der rotbärtige Anführer führte ihn hinüber zu einer der Hütten und zog die Abdeckung vom Eingang. »Hier«,

sagte er. »Der Schamane schläft. Er ißt nichts und wird immer dünner.«
Im Dämmerlicht sah Tao Graubart auf Fellen und getrocknetem Gras liegen. Er hob langsam den Kopf und blinzelte, geblendet vom hereinströmenden Licht. Ein Hustenanfall schüttelte seinen Körper, als er aus der Hütte kroch.
Tao war entsetzt. Er hatte den alten Mann noch nie so mager und kraftlos gesehen.
»Ah«, sagte Graubart mit schwacher Stimme. »Haben die Leute aus dem Bergvolk dich hierhergebracht? Sie sagen, ich liege im Sterben.«
Tao schüttelte stumm den Kopf und sah zu dem Rotbärtigen auf. Er wollte nicht glauben, was er eben gehört hatte. »Das kann nicht sein.« Er kniete sich zu dem alten Mann. »Graubart, mit ein wenig Ruhe kommst du wieder zu Kräften.«
»Vielleicht«, sagte Graubart, »aber zuerst mußt du mir helfen, ins Lager deiner Leute zurückzukehren.«
Tao schüttelte wieder den Kopf. »Ich kann nicht zurück.«
»Warum nicht?«
Der Anführer sah zu ihnen hinunter. »Erzähl dem Schamanen, was passiert ist.«
Tao schaute den Anführer unsicher an und begann zu berichten. Er erklärte Graubart, wie er Ram über den Fluß geschickt hatte, damit er Volt und den Jägern nicht in die Hände fiel, und wie die Jäger vom Bergvolk ihn gefangen hatten.

»Jetzt wird er hierbleiben und mit dem Wolfshund auf die Jagd gehen«, sagte der Anführer.
»Nein«, erwiderte Graubart. »Er kann nicht bleiben.«
Der Anführer sah Tao mißmutig an, drehte sich um und ging davon.
»Hab keine Angst«, sagte Graubart zu Tao. »Ich sage ihnen, sie sollen den kleinen Wolf freilassen.«
»Aber wenn ich Ram mit zurück ins Tal nehme, werden meine Leute ihn töten.«
Graubart hob beschwichtigend die Hand. »Wenn du mir vertraust und tust, was ich sage, besteht keine Gefahr.«
Tao runzelte ungläubig die Stirn. »Das verstehe ich nicht.«
Der alte Mann lächelte schwach. »Die Wisente sind auf die Hochebene zurückgekehrt. Morgen ist der Tag der Jagd. Heute nacht werden wir Bilder der großen Stiere an die Wände des Verborgenen Gewölbes malen.«
Tao war sprachlos. »Aber ich bin kein Eingeweihter«, wandte er ein. »Die Ältesten werden es nicht dulden.«
»Ich habe dich ausgebildet«, entgegnete Graubart, schwer atmend. »Und mein Wort gilt bei den Männern deines Volkes. Du wirst die Geister der Wisente im Verborgenen Gewölbe zum Leben erwecken.«
»Aber du bist immer noch der Höhlenmaler.«
»Nein, Tao. Ich kann nicht einmal mehr den Arm heben oder einen Pinsel halten.«
»Dann mußt du dich ausruhen und gesund werden, damit du wieder malen kannst.«
Der alte Mann beugte sich vor und hustete heiser. »Dafür

ist keine Zeit. Die Herden sind schon auf der Hochebene, und die Jäger warten.«

»Es gibt noch andere, die an deiner Stelle malen könnten.«

»Keiner von ihnen ist so gut wie du. Deine Bilder sind lebendig und werden den Geistern gefallen.«

Tao schüttelte den Kopf. »Es ist ein langer Weg.«

»Ich kann langsam gehen.«

»Du bist wie ein alter Eber«, sagte Tao. »Du gibst nicht nach.«

»Wenn du nicht für mich malen willst, werde ich es selbst tun müssen.«

Tao seufzte und zuckte die Achseln. »Wie du willst. Dann sollten wir jetzt aufbrechen.«

Graubart sprach mit dem Anführer des Clans. Ram wurde freigelassen, und Tao war froh, ihn unverletzt wiederzubekommen.

Die Sonne stand noch nicht hoch am Himmel, als Tao dem alten Mann durch den Fichtenwald hinunter zum Fluß half. Sie gingen langsam, Ram lief vorweg, als ob er ihnen den Weg zeigen wollte.

Als sie den Fluß erreicht hatten, schnürte Tao Weidenäste mit Ranken aneinander. Graubart setzte sich auf das kleine Floß, und Tao schob es aufs Wasser hinaus. Doch es schaukelte und schwankte in der Strömung, und der alte Schamane wurde über und über naß und zitterte vor Kälte.

Schließlich hatten sie das andere Ufer erreicht. Tao wollte ein Feuer machen, damit der Alte sich ausruhen und seine Kleider trocknen konnte.

Aber Graubart schüttelte den Kopf und schleppte sich zähneklappernd weiter. »Wir müssen vor Einbruch der Dunkelheit da sein«, sagte er.

Während Tao den alten Mann stützte, dachte er über Graubarts Plan nach. Er fürchtete sich mehr und mehr vor dem Abend, denn er wußte nicht, was ihn im Lager erwartete. Er wußte nur, daß sich noch in dieser Nacht sein Traum erfüllen sollte: Er, Tao, würde ein Höhlenmaler werden.

15. Kapitel

Graubart stützte sich auf Taos Schulter. So wanderten sie langsam durch das Tal und gelangten an den Fuß der Kalksteinfelsen. Hier blieb Graubart stehen. »Hör gut zu«, sagte er, »und tu genau, was ich dir sage.«
Tao wartete ab, bis der alte Mann etwas Atem geschöpft hatte. Er konnte immer noch nicht fassen, daß dies alles Wirklichkeit war.
»Klettere die Felswand hinauf, bis du genau über dem Lager bist, und warte dort«, sagte Graubart. »Sobald es dunkel wird, gehst du dann den schmalen Pfad zur Großen Höhle hinunter.«
Graubart nahm den Hirschlederbeutel von seiner Schulter, griff hinein und holte eine große talggefüllte Muschel heraus, in deren Mitte ein Docht aus gedrehtem Torf steckte. Die Hände des Alten zitterten, als er sie Tao reichte. »Hier ist deine Lampe«, sagte er. »Zünde sie an der Ewigen Flamme an, und geh in die Höhle.«
Tao lief ein kalter Schauer über den Rücken. Er war kein Eingeweihter und würde trotzdem das Verborgene Gewölbe betreten. Damit brach er das strengste aller Gesetze.

Aber der alte Mann wehrte Taos Zweifel mit einer Handbewegung ab. »Du folgst dem Hauptgang bis zu einer Gabelung.« Graubart legte Tao die Hand auf die Schulter, an der Seite, auf der sein lahmer Fuß war. »Bleib auf dieser Seite, dann kannst du dich nicht verirren. Wenn du ins Verborgene Gewölbe kommst, wirst du es verlassen finden. Fang sofort damit an, Bilder von den Wisenten zu malen.«

Am liebsten hätte Tao hundert Fragen auf einmal gestellt. Soviel war in so kurzer Zeit passiert, und er wußte nicht, ob er seine Aufgabe erfüllen konnte.

Graubart beugte sich vor und unterdrückte einen Hustenanfall. Dann richtete er sich mühsam auf und sah Tao an. Feierlich legte er dem Jungen seinen Hirschlederbeutel über die Schulter. »Hier«, sagte er, »das gehört jetzt dir. Darin wirst du die geritzten Steine und alles andere finden, was du für deinen Zauber brauchst.«

Tao bekam vor Erstaunen kein Wort heraus.

Aber Graubart fuhr fort: »Male so viele Wisente, wie du kannst. Wenn ich später mit den Jägern deines Clans dazukomme, werden sie sehen, wie lebendig deine Bilder sind, und verstehen, warum ich dich zum neuen Höhlenmaler bestimmt habe.«

Der alte Mann rang keuchend nach Luft. »Geh jetzt«, sagte er, bevor er sich auf den Weg machte. »Und merke dir, was ich gesagt habe.«

Tao sah seinem Lehrmeister nach. Mager, gebeugt und heiser hustend verschwand der Schamane schließlich im Dunkel des Eichenwaldes.

Jetzt war Tao allein mit seinen Gedanken und seinen Zweifeln.
Er brachte Ram in seine Höhle und befahl ihm, sich nicht vom Fleck zu rühren. Nachdem er sich mit seinen getrockneten Vorräten gestärkt hatte, kletterte er die Felswand hinauf und ging am oberen Rand der Felsen entlang bis direkt über den Eingang zur Großen Höhle. Unter ihm loderten die Feuer seines Clans, und er konnte das Lager deutlich erkennen. Tao verkroch sich in den Schatten.
Während er auf die Dunkelheit wartete, dachte er besorgt an Graubart. Nie zuvor hatte er den Alten so mager und geschwächt gesehen.
Die Zeit wollte nicht vergehen. – Endlich versank die Sonne dunkelrot hinter den Bergen. Die Grillen begannen zu zirpen, und zwei Nachtschwalben stiegen in den Abendhimmel auf und ließen ihren Lockruf ertönen.
Tao hatte weiche Knie, und seine Hände zitterten. Auf einen Ast gestützt humpelte er zur Großen Höhle.
Weit unter sich konnte er die Jäger erkennen, kleine Figuren, die um das große Feuer tanzten. Ihre Gesänge drangen durch die feuchte Nachtluft zu ihm herauf. Sein Clan bereitete die Jagd auf die Wisente vor. Manche der Jäger tanzten in Wisentfelle gehüllt mit Kopfschmuck aus Geweihen und Hörnern. Bänder aus Muscheln und Knochen klapperten an ihren Armen und Beinen. Andere Männer hatten ihre Gesichter hinter geschnitzten Masken mit dämonischen Fratzen oder Bärenschnauzen verborgen, um die bösen Geister zu vertreiben.

Tao bewegte sich vorsichtig und schlich leise den schmalen Pfad hinunter. Immer wieder versteckte er sich hinter verwachsenen Immergrünbüschen, die aus der Felswand ragten. Aber langsam kam er seinem Ziel näher. Er hoffte, daß die Jäger ganz mit ihrer Feier beschäftigt waren und ihn nicht bemerkten.

Gerade als er den Eingang zur Großen Höhle erreicht hatte, sah er einen jungen Jäger den Hang hinaufsteigen, um nach der Ewigen Flamme zu sehen. Rasch zog sich Tao in den Schatten eines Felsvorsprungs zurück.

Der junge Mann erfüllte seine Aufgabe unerträglich langsam. Er warf Arme voll Holz auf das Feuer, und ein kräftiger Funkenregen wirbelte hoch und erhellte die Finsternis. Tao hielt den Atem an. In der plötzlichen Helligkeit mußte er sich deutlich von der Felswand abheben. Dennoch schienen weder der Jäger noch die Feiernden unten ihn zu bemerken.

Sobald sich der Jäger auf den Weg zurück ins Lager gemacht hatte, schlich Tao zum Eingang der Höhle und entzündete sein Licht an der Ewigen Flamme. Er sah sich ein letztes Mal um und betrat dann die Höhle. Den großen Raum gleich hinter dem Eingang kannte er gut, hier hatte er viele Winter verbracht. Jetzt war er leer, und bis auf das flackernde Licht der Ewigen Flamme erschien alles kalt und dunkel. Ein paar Schritte weiter begann der lange, verschlungene Gang, der zum Verborgenen Gewölbe führte.

Tao zögerte. Noch nie war er weiter als bis zu dieser Stelle gegangen. Es war dunkel und bedrohlich, die flakkernde Lampe warf unheimliche Schatten an die unebenen grauen Wände. Hier und da hörte man Wasser aus dem Stein tropfen, sonst herrschte Stille. Eine dumpfe, kalte Todesstille.

Tao hinkte rasch vorwärts und dachte nur an seine Aufgabe. Er wollte so viele Bilder wie möglich malen, bevor Graubart mit den Jägern kam. Bald wurde der Tunnel enger und gewundener. An einer Stelle war die Decke zu niedrig, um aufrecht zu gehen, und Tao kroch auf allen vieren weiter und schob seine Lampe vor sich her.

Plötzlich zuckte er zusammen. Ein riesiger Höhlenlöwe blickte feindselig auf ihn herunter. Als Tao sein Licht bewegte, schien das Tier hin und her zu schwanken. Dieses Bild mußte ein Höhlenmaler vor langer Zeit an die Wand des versteckten Tunnels gemalt haben.

Tao setzte seinen Weg fort und kam bald darauf zu der Gabelung, von der Graubart gesprochen hatte. Reglos verharrte er und dachte nach. An welcher Schulter hatte der Schamane ihn berührt? Tao konnte sich nicht mehr erinnern. Verzweifelt versuchte er sich Graubarts Worte ins Gedächtnis zu rufen und entschied sich schließlich für den linken Gang. Zwar war er keineswegs sicher, daß dies der richtige Weg war, aber er wollte nicht zuviel Zeit verlieren.

Ein dumpfer Geruch erfüllte das Gewölbe, und das Geräusch tropfenden Wassers hallte von den Wänden wider. Langsam humpelte Tao vorwärts. Schließlich blieb er stehen. Dies war mit Sicherheit nicht der richtige Weg.

Hastig kehrte er um und lief, so schnell er das mit der

Lampe in der Hand konnte, zurück. Er rannte fast und stolperte im Halbdunkel immer wieder, während er panisch nach dem anderen Weg suchte. Da, hier war eine Öffnung in der Felswand. War dies der Tunnel, der zum Verborgenen Gewölbe führte? Tao überlegte fieberhaft. Seine Hände waren feucht vor Angst, und kalter Schweiß trat ihm auf die Stirn. Noch unsicherer als vorher betrat er den Gang.

Tao war erst ein kurzes Stück gelaufen, als ein scharfes Zischen die Stille zerriß und er plötzlich im Dunkeln stand. Ein Wassertropfen war von der Decke gefallen und hatte seine Lampe gelöscht.

Einen Augenblick lang stand Tao wie versteinert, gelähmt vor Angst. Er warf die Lampe fort, die ihm jetzt doch nichts mehr nützte, und begann sich mit zitternden Händen an den feuchten Wänden entlangzutasten. Völlig blind stolperte er in der pechschwarzen Dunkelheit voran und wußte nicht einmal, ob er überhaupt in die richtige Richtung ging.

16. Kapitel

Obwohl es hier unten kühl war, traten Tao Schweißperlen auf die Stirn, und sein Bärenfellkleid klebte ihm am Leib. Er war in diesem pechschwarzen unterirdischen Gang gefangen. Mit der linken Hand tastete er sich an der kalten Wand entlang, mit der rechten hielt er seine Krücke fest umklammert. Die Finsternis schien immer schwerer auf ihm zu lasten und ihn allmählich zu erdrükken. Er war jetzt fast sicher, daß er wieder in die falsche Richtung ging. Langsam hinkte er weiter, strengte seine Augen an und versuchte, in der Dunkelheit irgend etwas zu erkennen.

Plötzlich stieg ihm der scharfe Geruch von heißem Talg in die Nase. Zuerst war er kaum wahrnehmbar gewesen, aber jetzt hatte Tao keinen Zweifel mehr. Er ging schneller und streckte die Hand aus, um im Dunkeln nicht gegen ein Hindernis zu laufen. Qualm bedeutete Feuer, und Feuer bedeutete Licht. Gleich faßte er wieder Mut und rannte eilig weiter.

Ganz hinten im Gang glaubte er, einen schwachen Lichtschein zu erkennen, der für einen Moment aufflackerte und dann verlosch. Kurz darauf sah er das Licht wieder,

ein heller Punkt im dichten Schwarz um ihn herum. Tao humpelte, so schnell er konnte, darauf zu, stolperte dabei und fiel hin, rappelte sich aber rasch wieder auf.
Der Lichtschein wurde heller, Rauchschwaden zogen durch den Tunnel. Tao war völlig außer Atem, und sein Herz klopfte wild. Nun konnte er seine Umgebung klar erkennen. Er nahm alle Kräfte zusammen und lief weiter. Einen Augenblick später stolperte er in eine wunderbare, hell erleuchtete Kammer.
Talglampen brannten in kleinen Nischen an der Wand. Auf dem Boden des Gewölbes lagen ausgehöhlte Steine und Muscheln bereit, die mit Farben und Ölen gefüllt waren. Dazwischen standen ausgehöhlte Mammutknochen, in denen Pinsel und Holzkohlestifte steckten. Tao blinzelte. Als seine Augen sich an die plötzliche Helligkeit gewöhnt hatten, sah er sich einen Moment lang ehrfürchtig um. Benommen schüttelte er den Kopf. Träumte er, oder war das wirklich das Verborgene Gewölbe?
Tao ließ seine Krücke fallen und lehnte sich gegen die Wand, überwältigt von der Pracht um ihn herum. Oft hatte er vom Verborgenen Gewölbe gehört, aber niemals hätte er geglaubt, daß es hier soviel Licht, soviel Farbe und soviel Schönes geben könnte.
Lange Reihen mächtiger, behaarter Mammute marschierten über die Höhlenwand, und da waren galoppierende Pferde, angriffslustige Eber und riesige Höhlenbären in den schönsten Farben. Bilder von Wollnashörnern bedeckten die gegenüberliegende Wand, während Rudel von Antilopen und Hirschen über die hohe, gewölbte

Decke sprangen. Die beinahe lebensgroßen Tiere stolzierten durch das Gewölbe, als wären sie lebendig, denn es schien, als bewegten sie sich im flackernden Licht der Lampen.
Tao war hingerissen von den strahlenden Farben. Die Tiere sahen auf diesen Bildern genauso aus, wie er sie im Wald oder auf der Ebene beobachtet hatte. Das Rotwild wirkte scheu und immer zum Sprung bereit, die Mammute behäbig, die Bären und Höhlenlöwen stark und furchterregend.
Hier, an diesem geheimen Ort, waren sie also zum Leben erweckt, die Bilder und Zeichnungen, von denen Tao immer geträumt hatte. Er atmete tief ein und fühlte sich plötzlich, als gehöre er hierher. Nun würden seine Bilder für alle Zeit ein Teil dieses wunderbaren Ortes sein. Er war glücklich, daß Graubart ihn gebeten hatte, heute abend hierher zu kommen.
Tao ging hinüber zu einer freien Fläche an der Höhlenwand, strich mit der Hand darüber und befühlte den kühlen glatten Fels. Dann griff er in Graubarts Lederbeutel. Einen Stein nach dem anderen nahm er heraus, bis er die Schieferplatte mit dem eingeritzten Wisent fand. Er schüttelte seine Hände, um die Finger zu lockern, und zog einen großen Holzkohlestift aus dem Mammutknochen. Jetzt würde er seine ersten Linien auf die Wand des Verborgenen Gewölbes zeichnen.
Tao führte die Kohle mit einem weiten Schwung seines Arms über die Wand. Er hielt seine Vorlage einen Moment ins Licht und studierte sie genau, bevor er sich an

die Arbeit machte und Strich für Strich, Graubarts Anweisungen folgend, das Bild des Wisents nachzeichnete. Zuerst den großen kantigen Kopf mit den langen, gebogenen Hörnern, dann mit sicherer Hand die massigen Schultern, die breite Brust und den muskulösen Körper. Wieder griff er in den Hirschlederbeutel, nahm einen steinernen Meißel heraus, bückte sich und hob einen kleinen Felsbrocken vom Boden der Höhle auf, den er wie einen Hammer benutzte. Sorgfältig schlug er jeweils eine kleine kreisförmige Vertiefung um Auge und Nüstern, genau wie Graubart es ihm gezeigt hatte.

Tao trat einen Moment von der Wand zurück, um das Bild zu betrachten, und nickte befriedigt. Dann zeichnete er rasch die Umrisse von zwei, drei und noch mehr Wisenten, einen hinter dem anderen. Mit seinem lahmen Fuß schob er drei der Farbtiegel näher an die Wand, damit er sie besser erreichen konnte, nahm sich einen großen Federpinsel und begann, die Umrisse mit Farben auszumalen. Zuerst trug er die Gelbtöne auf, dann setzte er die Schatten mit Rot und Braun ab. Allmählich wurden die Wisente lebendig, ihre Muskeln spielten, und die Brüste hoben und senkten sich im flackernden Lampenlicht.

Tao malte weiter. Er konnte sehen, wie die Wisentherde unter seinen Händen wuchs und behäbig über die weitläufige graue Wand zog. Während er malte, vergaß er alle Zweifel und Sorgen, er vergaß sogar die heiligen Bräuche und Gesetze seines Clans und war so vertieft in seine Malerei, daß er nicht einmal mehr an Graubart und die Jäger dachte.

Tao hatte das Bild beinahe vollendet, als er Schritte im Tunnel hörte. Langsam drehte er sich herum, den tropfenden Pinsel noch in der Hand. Nun würden die Jäger – Volt, Garth und alle anderen – sehen, wie gut er malte, und Graubart würde ihn zum neuen Höhlenmaler bestimmen. Er blieb bescheiden neben seinen Bildern stehen und lächelte stolz.

Nach und nach traten die Jäger ins Verborgene Gewölbe. Sie sahen sich im flackernden Licht um und blinzelten. Tao wartete auf Graubart, aber der alte Mann war nicht bei ihnen. Plötzlich erstarrte Taos Lächeln, denn er hatte den fassungslosen Ausdruck auf Garths Gesicht bemerkt und wußte, daß irgend etwas Unvorhergesehenes passiert sein mußte.

Da hörte Tao auch schon einen fürchterlichen Fluch und zuckte zusammen. Volt ging auf ihn zu, ungläubiges Entsetzen in den weit aufgerissenen Augen.

Die Jäger kamen langsam näher und starrten ihn verständnislos an.

Kalter Schweiß perlte Tao über die Stirn. Er hob abwehrend die Hand. »Nein«, flehte er. »Nein... Graubart wird euch alles erklären. Es ist der Wille der Geister...«

Volt trat vor und zeigte anklagend mit dem Finger auf Tao. Sein narbiges Gesicht war wutverzerrt. »Du hast diesen heiligen Ort geschändet«, brüllte er. »Ihr seid ein Fluch für diesen Clan, du und dieser bösartige Wolfshund.« Die haßerfüllten Worte hallten im Gewölbe wider und dröhnten Tao in den Ohren.

»Graubart hat mich hierhergeschickt«, sagte er tapfer, »ich sollte die Wisente malen.« Er zeigte auf die Bilder, die er gerade vollendet hatte. »Graubart«, wiederholte er.
Aber die Jäger würdigten die Bilder keines Blickes. Sie umringten Tao drohend.
»Du lügst«, sagte Garth, zerrte mit einem raschen Griff den Hirschlederbeutel von Taos Schulter und hielt ihn hoch, damit ihn alle sehen konnten. »Seht, er hat den Beutel des Schamanen gestohlen.«
»Vielleicht hat er Graubart getötet, um seinen Platz einzunehmen«, sagte ein anderer.
Tao war wie vor den Kopf geschlagen. »Nein«, rief er. »Graubart hat mir den Beutel gegeben. Er wird es euch selbst sagen.«
Volt sah ihn finster an. »Wo ist der Schamane?«
Tao schluckte. »Ist er nicht mit euch gekommen?«
»Du weißt genau, daß er nicht bei uns ist«, knurrte Garth. »Was hast du mit ihm gemacht?«
»Nichts«, beteuerte Tao verzweifelt. »Graubart wird kommen. Er hat sein Wort gegeben.«
»Wo ist er dann?« fragte Volt scharf.
»Ich habe den Schamanen am Eichenwald verlassen. Er ist krank. Aber ich würde ihm nie etwas antun. Er ist mein Freund. Er hat mir beigebracht, wie man in den Höhlen malt.«
Die Augen der Jäger waren argwöhnisch auf Tao gerichtet. Sie packten ihn und zerrten ihn durch den langen Tunnel und hinaus aus der Höhle. Dann schleppten sie

ihn zum Rand des Lagers und fesselten ihn dort an Händen und Füßen.

Im schwachen Schein des Lagerfeuers konnte Tao den Zorn in ihren Gesichtern erkennen. »Sucht den Schamanen«, flehte er. »Graubart wird euch sagen, daß ich nicht lüge.«

Doch die Jäger hörten nicht zu. Rasend vor Wut scharten sie sich um ihn, schüttelten ihre Speere und hatten schon die Feuersteinklingen gezückt.

Volt kam heran, und Tao war, als spüre er seine kalte Wut. »Halt«, sagte Volt. »Der Junge hat die heiligen Gesetze gebrochen und die Geister gegen uns aufgebracht. Nun soll er auch durch ihren Zorn sterben. Überlaßt ihn Saxon, dem heiligen Stier.«

17. Kapitel

An Armen und Beinen mit dicken Ranken gefesselt, lag Tao auf dem feuchten Boden unter einer alten Eiche. Er starrte hinüber zu dem großen, knisternden Feuer in der Mitte des Lagers und hoffte, daß Graubart nichts zugestoßen war. Die Jäger hatten sich auf die Suche nach dem alten Schamanen gemacht, sobald sie ihn fanden, würde alles wieder in Ordnung kommen. Graubart wird ihnen erklären, daß er zu alt ist und nicht mehr malen kann, dachte Tao, und er wird mich zu seinem Nachfolger bestimmen. Einigen der Ältesten wird das nicht gefallen, weil sie glauben, daß es gegen die Bräuche verstößt. Aber wenn Graubart sagt, es sei der Wille der Geister, werden sie es hinnehmen.

Während Tao sich dies alles ausmalte, waren vier Jäger mit einer Trage ins Lager gekommen, die sie nahe beim Feuer absetzten. Tao konnte nicht erkennen, was darauf lag, er sah nur, daß es in Bärenfelle gewickelt war. Einige der Frauen knieten sich neben die Bahre, ihre dunklen Gestalten hoben sich vom Feuer ab, und sie sahen aus wie große schwarze Vögel. Tao hörte Schluchzen und Klagelaute, und ihm wurde klar, daß jemand gestorben war.

Noch zwei Frauen kamen hinzu. Sie nahmen die Felle von dem toten Körper und begannen ihn mit roter Farbe und Lehm einzureiben. Später würden sie ihn für die Beerdigung in Birkenrinde wickeln.
Plötzlich hörte Tao ein leises Winseln in den Kreuzdornbüschen hinter ihm. Als er sich umdrehte, starrte ihn ein Paar gelber Augen aus der Dunkelheit an. Er erschrak: Ram war zum Lager gekommen. »Geh weg«, flüsterte er. »Los, geh!« Er versuchte sich von seinen Fesseln zu befreien, aber es war zwecklos. Er konnte nicht mal Steine oder Stöcke nach Ram werfen, also befahl er dem Wolf flüsternd davonzulaufen, aber er rührte sich nicht vom Fleck.
Nachdem die Frauen gegangen waren, hörte Tao Schritte. Wahrscheinlich kam jemand, um seine Fesseln zu überprüfen. Die Schritte näherten sich. Sofort verschwanden die gelben Augen. Der kleine Wolf war endlich weggelaufen.
Tao erwartete, daß einer der Jäger auftauchen würde. Statt dessen sah er das Gesicht einer Frau über sich: Kala.
Sie schaute sich rasch um und suchte mit den Augen die Dunkelheit ab. In der Hand hielt sie einen Lederbeutel, Graubarts Hirschledertasche.
Kala streifte den Riemen über Taos Schulter und versteckte den Beutel unter seinem Fellkleid. »Du hast gesagt, Graubart habe dir die Tasche gegeben«, flüsterte sie. »Dann würde er auch wollen, daß du sie behältst.«
Tao schöpfte wieder Hoffnung. »Sie haben ihn gefunden?«

Kala legte den Finger an die Lippen. »Ja«, flüsterte sie.
»Das ist gut«, sagte Tao. »Dann wird er ihnen alles erklären.«
Kala schüttelte den Kopf. »Nein, mein Sohn«, erwiderte sie leise. »Der alte Schamane ist tot. Sie haben ihn im Eichenwald gefunden.«
Tao schlug seine gefesselten Hände vors Gesicht und schloß die Augen. Er konnte nicht fassen, was Kala gesagt hatte. »Graubart war krank. Ich habe ihn nicht getötet. Sie müssen es mir glauben. Graubart war mein Freund.«
»Psst«, sagte Kala. Sie beugte sich über ihn und zog eine Feuersteinklinge hervor. »Sie werden dir niemals glauben. Sie sehen überall nur Böses. Deshalb muß ich deine Fesseln jetzt losschneiden.«
Tao zuckte zurück. »Nein«, protestierte er. »Sie werden dich töten, wenn du das tust.«
»Ich bin eine alte Frau«, murmelte Kala. »Du hast noch viele Sommer vor dir.«
Tao schüttelte den Kopf. »Wenn ich fortlaufe, werden sie erst recht annehmen, daß ich den Schamanen getötet habe.«
»Und wenn du bleibst?«
»Dann werde ich Saxon gegenübertreten.« Es klang mutig, aber Tao hatte furchtbare Angst. »Wenn ich überlebe, werden sie wissen, daß ich die Wahrheit gesagt habe. Wenn nicht, ist es sowieso egal.«
Kala runzelte die Stirn. »Du bist genau wie deine Mutter. Du bist eigensinnig und tust nur, was du willst.«

Am nächsten Morgen lösten die Jäger Taos Beinfesseln und führten ihn auf einem schmalen Pfad die Felswand hinauf zur Hochebene. Innerlich zitterte Tao vor Angst, aber er ließ sich seine Furcht nicht anmerken. Statt dessen blickte er starr geradeaus und preßte die Lippen zusammen.

Die Jäger befahlen ihm, sich mit dem Rücken zum Abhang zu stellen. Tief unten lag das weite grüne Tal. Vor Tao erstreckte sich die Hochebene, so weit das Auge reichte. Auf der unendlichen Fläche von gelbem Gras weidete friedlich eine große Wisentherde.

In der Ferne konnte Tao Saxon, den heiligen Stier, erkennen. Seit mehr als acht Sommern herrschte das mächtige Tier jetzt schon über diese Weidegründe. Heute erschien der Stier Tao größer als je zuvor. Sein massiger Nacken und die langen, scharfen Hörner zeichneten sich gegen den Horizont ab.

Tao schauderte, als sein Blick auf die gebleichten Knochen von Saxons Opfern fiel, die überall verstreut lagen. Inzwischen waren die Jäger auf einen Felsen geklettert, von dem aus sie den Kampf ungefährdet beobachten konnten.

Volt band Taos Hände los und gab ihm einen Speer. »Es ist der Wille der Geister, daß du Saxon mit einer Waffe in der Hand begegnest«, sagte er.

Tao nahm den Speer dankbar entgegen. Darauf gestützt konnte er sich besser auf den Beinen halten. Er fühlte Graubarts Hirschlederbeutel unter seinem Fellkleid. Doch der enthielt nur Feuersteine, ein Wisenthorn und die Schieferplatten. Kaum die geeigneten Zauberwaffen, um einen wütenden Stier abzuwehren.

Auch Volt ging hinüber zum Felsen und nahm seinen Platz zwischen den anderen ein. Garth und die Jäger winkten nun, schrien und sprangen herum, um Saxon zu reizen. Der mächtige Stier hob den Kopf, seine weißen Hörner schimmerten im Sonnenlicht.

Das Spiel der gewaltigen Muskeln unter dem glänzenden schwarzen Fell war deutlich zu erkennen, als der Stier sich dem Felsen näherte. Er blickte zu den Jägern hinauf und ließ ein kurzes, heftiges Brüllen hören.

Dann bemerkte er Tao, der allein und ungeschützt neben dem Felsen stand. Für seine Größe war Saxon erstaunlich gewandt. Er fuhr herum und stürmte wutschnaubend heran.

Tao konnte das Feuer in seinen Augen sehen. Er kämpfte gegen die aufsteigende Furcht und verharrte regungslos. Mit klopfendem Herzen stützte er sich fest auf seinen Speer und wartete, daß der Stier angriff.

Das riesige Tier blieb direkt vor Tao stehen. Wie ein gigantischer schwarzer Schatten ragte es über ihm auf. Seine Augen schienen Funken zu sprühen, und seine Nüstern bebten. Langsam umkreiste er Tao und betrachtete ihn genau, als wüßte er, daß sein Opfer nicht entkommen könnte. Tao ließ ihn nicht aus den Augen und drehte sich mit ihm.

Der Stier schnaubte, senkte den Kopf und stieß ein Horn in den Boden. Dann scharrte er mit dem vorderen Huf und wirbelte eine große Staubwolke auf, bevor er mit

einem ohrenbetäubenden Brüllen zum Angriff ansetzte.
Tao blieb ruhig stehen, die Erde bebte unter seinen Füßen. Er sah die langen, scharfen Hörner – und dann nur noch den mächtigen Leib des Stiers. Im letzten Moment rettete er sich mit einem Satz zur Seite und rollte dem Untier aus dem Weg.
Rasend vor Wut warf der Stier den Kopf zurück und wirbelte herum. Seine schweren Hufe bohrten sich in den Boden, und als er zum zweiten Mal Anlauf nahm, spritzten Erdklumpen und Grassoden auf.
Tao war rasch wieder aufgesprungen und für den nächsten Angriff bereit.
Wieder senkte Saxon den Kopf, weißer Schaum tropfte ihm aus Maul und Nüstern. In eine dichte Staubwolke gehüllt, galoppierte er auf Tao zu.
Tao biß die Zähne zusammen und wartete angespannt auf den richtigen Moment. Wieder konnte er in letzter Sekunde beiseite springen. Aber er fühlte einen heftigen Stoß, als die mächtige Flanke des Stiers seinen Körper streifte, er stürzte und verlor den Speer. Einen Augenblick lang lag Tao wie gelähmt da.
Dann verfolgte er aus dem Augenwinkel, wie Volt vom Felsen heruntersprang, laut schrie und mit den Armen ruderte. Der zornige Stier sah verwirrt hoch. Das gab Tao genug Zeit, um sich aufzurappeln. Aber Saxon hatte sich ihm schon wieder zugewandt. Tao war sein Opfer, und er ließ sich nicht so einfach ablenken. Er scharrte und schnaubte. Plötzlich stürmte er vorwärts.

Tao wollte ausweichen, aber ein langes, geschwungenes Horn hatte sich in seinem Fellkleid verhakt, und er wurde durch die Luft gewirbelt und zu Boden geschleudert. Der Hirschlederbeutel hing lose von seiner Schulter.

Tao krümmte sich vor Schmerzen, blickte hoch und sah, wie der Stier wieder angerast kam. Diesmal konnte er ihm nicht entwischen, das ahnte Tao. Er tastete blind nach seinem Speer und versuchte, auf die Füße zu kommen, aber das riesige Tier war schon fast bei ihm.

In Todesangst zerrte er Graubarts Hirschlederbeutel von seiner Schulter und schwang ihn kreisend über seinem Kopf. Der Stier war nur noch eine Armeslänge entfernt, da ließ er los, und der Beutel traf den Stier am Auge, der lange Riemen schlang sich um seine Hörner. Wutschnaubend und vollkommen verwirrt raste das Tier davon, schüttelte den Kopf hin und her und verstreute den Inhalt des Beutels auf dem Boden.

Tao stützte sich auf seinen Speer und richtete sich schwer atmend auf. Saxon rannte wutschnaubend im Kreis herum und versuchte, das lästige Ding auf seiner Nase loszuwerden. Schließlich gelang es ihm, das unangenehme Gehänge in hohem Bogen ins Gras zu schleudern. Noch wütender als zuvor wandte der Stier sich wieder seinem Opfer zu. Er senkte den Kopf und wollte erneut angreifen.

Da bemerkte Tao ein Glitzern im Gras. Graubarts Funkelstein lag vor ihm. Mit einem Satz warf er sich auf den Boden, griff nach dem Stein und hielt ihn so ins Sonnenlicht, daß der Lichtstrahl Saxon blendete. Der riesige Stier blieb stehen und schüttelte den Kopf, verblüfft und irritiert.

Mit wildem Gebrüll griff er gleich darauf an. Tao ließ den gleißenden Lichtstrahl über seine Augen gleiten. Wieder hielt Saxon inne. Er trottete im Kreis herum und machte seinem Zorn durch ohrenbetäubendes Gebrüll Luft.

Doch so leicht gab der mächtige Saxon nicht auf. Noch einmal senkte er den Kopf zum Angriff und galoppierte mit donnernden Hufen auf Tao zu. Und nochmals fing Tao das Sonnenlicht mit seinem Stein ein und lenkte es auf Saxons Augen. Der Stier schwankte und blieb stehen wie vor einer Flammenwand. Er scharrte heftig mit den Hufen und stieß in ohnmächtiger Wut seine Hörner in den Boden. Langsam ging Tao auf ihn zu, und mit seinem blendenden Lichtstrahl zwang er ihn zurückzuweichen.

Der Stier schüttelte unwillig den Kopf, aber Tao ließ ihn nicht zur Ruhe kommen.

Schließlich war das wütende Funkeln in Saxons Augen erloschen, und er ließ müde den Kopf hängen. Gegen dieses merkwürdige Feuer war er machtlos. Dröhnend brüllte er seinen Racheschwur zum Himmel hinauf. Dann trottete er ermattet vom Schlachtfeld, auf die Wisentherde zu, die in der Ferne graste.

Volt, gefolgt von Garth und einigen Jägern, lief auf Tao zu. Der Anführer schüttelte fassungslos den Kopf. »Niemandem ist es je gelungen, Saxon zu besiegen«, sagte er. Dann deutete er auf die Jäger. »Doch wir alle haben den Zauber gesehen.«

Taos Hände zitterten, sein Herz klopfte immer noch wild. Er sammelte die Schieferplatten, die Amulette und das Wisenthorn auf, die aus Graubarts Beutel gefallen waren. Eigentlich wollte er Volt erklären, daß dies kein richtiger Zauber gewesen war, aber dann erinnerte er sich an Graubarts Worte: »Wenn sie es Zauber nennen wollen, laß sie.«

Volt ging auf und ab und schüttelte seinen Speer. »Es ist der Wille der Geister«, sagte er. »Sie haben das Zeichen gegeben, und nur das zählt.«

Tao stand schweigend da und versuchte, wieder zu Atem zu kommen. Plötzlich hörte er ein Geräusch wie das Donnergrollen eines Gewitters, das über die Ebene zog. Es kam von weit her, aus der Richtung, in die Saxon geflohen war. Ein Nebel von Staub zog über dem Horizont auf. Hunderte von großen braunen Körpern rasten wie ein Wirbelsturm auf sie zu, wurden größer und größer und ließen den Boden unter ihren Füßen erzittern.

Volt riß entsetzt die Augen auf. »Saxon hat die Wisente aufgescheucht«, brüllte er.

Starr vor Schreck sah Tao die Massen verstörter Tiere, die auf sie zurannten. So weit das Auge reichte, sah man braune Körper und gebogene weiße Hörner, die im Sonnenlicht blitzten.

»Lauft«, schrie Volt. »Lauft um euer Leben!«

Garth und die Jäger rannten davon und kletterten so schnell sie konnten zurück auf den hohen Felsen. Tao folgte ihnen und erreichte eben die Spitze des Felsens, als die stampfende Herde unter ihnen ankam. Eine wirbelnde Flut zottiger brauner Leiber tobte in eine Staubwolke gehüllt um den Felsen. Blind und halb erstickt rannten die Wisente in panischer Angst im Kreis herum, brüllten, trampelten strauchelnde Tiere nieder, während vom nachfolgenden Schub andere Tiere über die Felswand gedrängt wurden und in den tödlichen Abgrund stürzten.

Plötzlich stockte Tao der Atem. War Volt hinter ihm auf den Felsen geklettert? Erschrocken sah er sich um. Der Anführer war nicht auf dem Felsen, und auch in dem staubigen Gewühl unten konnte Tao ihn nicht erkennen.

Es dauerte einige Zeit, bis die aufgescheuchte Herde sich beruhigt hatte und über die Ebene dorthin zurückwanderte, woher sie gekommen war. Tao sah etwas Graues durch das Gras schießen. Ram!

Aber als Tao ihm entgegenlaufen wollte und sich durch die Staubwolken vorantastete, bemerkte er Volt, der benommen neben einem toten Kalb saß. Nicht weit von ihm lief eine Wisentkuh herum, die der Herde nicht gefolgt war. Das Muttertier.

Rasch kletterte Tao vom Felsen hinunter, er rutschte von einem Felsvorsprung zum nächsten, aber er hatte wenig Hoffnung, Volt noch zu erreichen, bevor die Kuh ihn angreifen konnte. Da sah er einen grauen Schatten hinter dem Felsen hervorspringen. Es war Ram.

Knurrend und schnappend drängte der Wolfshund die zottige Wisentkuh zurück, und Volt stand auf.

Tao kam laut schreiend angelaufen und wirbelte den

Hirschlederbeutel über dem Kopf herum. Erschrocken wandte sich die Kuh um und folgte ihrer Herde im Galopp über die Ebene.
Nun stürzte Tao zu Ram hin. Der kleine Wolf hatte eine Wunde an der Schulter. Tao riß ein paar Grasbüschel aus und stillte damit die Blutung. Dann legte er die Arme um das erschöpfte Tier.
Volt schien erst mit weit aufgerissenen Augen ins Leere zu starren, dann sah er den Wisenten nach, die jetzt in einiger Entfernung schon wieder friedlich grasten, und schließlich schaute er Ram an. »Das ist ein Omen, ein wahrhaftiges Zeichen der Geister!« rief er. »Sie haben den Fluch von mir genommen.«
Tao saß auf dem Boden neben Ram. Er wußte, Volt würde sich niemals ändern. Bis in alle Ewigkeit würden Dämonen und Geister über sein Leben bestimmen.
»Wenn ich es nicht mit eigenen Augen gesehen hätte«, sagte Volt, »würde ich es nicht glauben.« Er sah Tao an, und ein merkwürdiger Ausdruck zeigte sich auf seinem Gesicht. »Es ist wirklich schade, daß deine Mutter das nicht mehr erlebt. Sie wäre sehr glücklich gewesen.«
Tao blickte den Anführer überrascht an. »Du hast meine Mutter gekannt?«
Volt legte seine beiden riesigen Hände zusammen und hielt sie hoch. »Ich kannte deine Mutter schon, als du noch so groß warst wie diese Faust«, sagte er.
Tao saß kerzengerade. Er hätte alles darum gegeben, mehr über seine Mutter zu erfahren. »Wie war sie?« fragte er.

Volt schwieg einen Augenblick und sah gedankenverloren auf die Ebene hinaus. Dann antwortete er. »Sie war eine große, wunderschöne Frau, wie eine junge Birke. Aber sie war auch sehr stark und hatte einen eigenen Willen. Wir anderen haben sie nicht immer verstanden.«
Tao hörte einen schuldbewußten Unterton in Volts Stimme. Es fiel ihm wohl schwer, diese Worte auszusprechen.
Einen Moment lang betrachtete der Anführer Tao forschend. Dann zuckte er die Achseln. »Mehr kann ich dir nicht erzählen«, sagte er. »Ich sage nur soviel: In vielem war sie dir sehr ähnlich.«
Es war das erste Mal, daß Tao je ein ruhiges Wort aus Volts Mund gehört hatte. Das war merkwürdig und verwirrend. Aber er hatte auch die Antwort bekommen, nach der er so lange gesucht hatte.
Der große, breitschultrige Mann ging davon. Tao schaute ihm nach. Sein Herz klopfte wild, als er es laut aussprach: »Du bist mein Vater!«
Volt drehte sich um und fuhr mit dem Handrücken über seine narbige Wange. Er sah sich nach Garth und den anderen Jägern um, die jetzt auf sie zukamen, und einen Moment lang schien es, als lächelte er. »Du bist jetzt ein Mann«, sagte er. »Du brauchst keinen Vater mehr.«

18. Kapitel

Graubart wurde in der Heimlichen Höhle hoch über dem weiten Tal beerdigt. Tao führte den Trauerzug mit Ram an seiner Seite dort hinauf. Er hatte ein neues Hirschfellkleid angezogen, und um seinen Hals hing eine Kette aus schimmernden Löwenzähnen. Volt und die Jäger trugen die Leiche des Schamanen auf einer Bahre aus Birkenästen. Ihnen folgte der Rest des Clans, die Kinder schlugen kleine Stöcke aufeinander, die Frauen weinten und klagten.

Sie hatten für Graubart ein flaches Grab in der Heimlichen Höhle ausgehoben. Tao legte einen Speer hinein und dazu noch eine Feuersteinklinge und eine Talglampe. Kala kam mit einer großen Portion Dörrfleisch und Nüssen, um den alten Mann für die Reise ins Land der Geister zu versorgen. Schließlich senkten sie die Bahre in das Grab und legten eine tote Zwergeule in Graubarts Hand, als Zeichen seiner Weisheit.

Tao stand am offenen Grab und sah sich in der Höhle um. Während er seine Bilder von den Wisenten und den wandernden Bergen betrachtete, fiel ihm ein, wie oft Graubart ihn ermahnt hatte, die Zeichnungen wieder und wieder auszuwischen, um sie beim nächsten Mal noch besser zu machen. Er dachte an die vielen Abende, an denen sie zusammen Lachs gegessen und Kastanien geröstet hatten. Er dachte an die langen Wanderungen durch das Tal, im Sumpf und am Ufer des großen blauen Sees. An all dies erinnerte sich Tao und wurde furchtbar traurig.

Sie bedeckten das Grab mit den Rippenknochen eines Mammuts und häuften Erde und Steine darauf. Als sie die Höhle verlassen hatten, rollten sie ein paar große Felsblöcke vor den Eingang, um das Grab vor Hyänen und Vielfraßen zu schützen.

Dann standen sie am Rand der Felswand, von wo aus man über das ganze Tal blicken konnte, und Volt versammelte den Clan um sich. Er hielt Graubarts Amulette, seine Schieferplatten und das Wisenthorn hoch und überreichte sie Tao. »Vom heutigen Tag an ist Tao unser Höhlenmaler«, verkündete er. »Es ist Graubarts Wunsch und der Wille der Geister.«

Kala schob sich durch die Menge nach vorn, mit einer neuen Hirschledertasche. Sie streifte den Riemen über Taos Schulter und lächelte stolz.

Tao streckte die Hand aus und berührte sie sanft am Arm. Dann wandte er sich schnell ab, weil er heftig blinzeln mußte, um eine Träne zurückzuhalten. Mit Ram an seiner Seite kletterte er die Felswand hinunter ins Tal. Die beiden wanderten durch das dunkelgrüne Meer von wogendem Gras, vorbei an den weidenden Pferden und Antilopen, zum Fluß. Den würden sie überqueren und ins Gebiet des Bergvolks gelangen. Tao wußte, er würde sich

auch dort noch einmal als Nachfolger des Schamanen beweisen müssen.
Aber daran wollte er jetzt noch nicht denken. Jetzt zählte für ihn nur, daß sein Traum endlich in Erfüllung gegangen war: Er hatte Graubarts Erbe angetreten.